50
Parcours d'exception

Récits Inspirants qui Ravivent la Flamme de la Motivation

SOMMAIRE

SOMMAIRE

INTRODUCTION

Dans l'océan infini des histoires humaines, se cachent des récits qui transcendent les frontières du temps et de l'espace, laissant derrière eux une traînée d'inspiration et de motivation. "Parcours d'Éxception : Cinquante Récits Inspirants qui Ravivent la Flamme de la Motivation" est une plongée captivante dans les vies de cinquante individus exceptionnels, dont les parcours extraordinaires sont autant de sources d'enseignements précieux.

Chaque chapitre de ce livre est une porte ouverte sur le monde fascinant de l'accomplissement personnel et de la réussite, mettant en lumière des personnalités qui ont surmonté des défis monumentaux, transformé des rêves en réalité, et forgé leur destinée avec une détermination inébranlable.

Ces cinquante protagonistes de l'inspiration incarnent des traits communs tels que la persévérance, le courage, la créativité et la résilience, offrant ainsi aux lecteurs un trésor d'histoires qui stimuleront leurs propres aspirations

Que vous soyez en quête de motivation pour surmonter des obstacles personnels, professionnels ou simplement à la recherche d'une bouffée d'inspiration pour propulser votre vie vers de nouveaux horizons, "Parcours d'Éxception" est un compagnon essentiel.

Chaque chapitre offre un éclairage sur la vie d'un individu qui a façonné son destin d'une manière unique, défiant les normes et élevant la barre de l'excellence.

L'intention de ce livre est de vous emmener en voyage à travers une mosaïque de vies, de réaliser que les obstacles sont souvent les échelons qui mènent à la réussite, et que chaque expérience, qu'elle soit parsemée de triomphes ou de défaites, contribue à tisser la trame de notre propre récit. Ces histoires transcendent les barrières culturelles, sociales et économiques, démontrant que la motivation n'est pas l'apanage de quelques-uns, mais une force universelle qui réside en chacun de nous.

Au fil des pages, vous rencontrerez des icônes de divers horizons, des entrepreneurs visionnaires aux artistes innovants, des leaders charismatiques aux héros ordinaires accomplissant des exploits extraordinaires. Chaque récit est une pièce du puzzle qui compose l'histoire globale de la motivation, et ensemble, ils forment un tableau édifiant qui célèbre la diversité des chemins vers le succès.

Que vous soyez en train de débuter votre carrière, d'entreprendre un nouveau chapitre de votre vie, ou simplement en quête d'inspiration quotidienne, ce livre vous invite à vous immerger dans l'univers inspirant de ceux qui ont tracé la voie avant vous.

Ces cinquante récits captivants éveilleront votre curiosité, nourriront votre esprit et vous inciteront à entreprendre votre propre périple vers l'épanouissement.

Préparez-vous à être inspiré, motivé et transformé par les histoires éclatantes de ceux qui ont choisi de marcher avec détermination sur le chemin de l'extraordinaire.

Chapitre 1
Warren buffet : l'Oracle d'Omaha

Dans les années 1960, Warren Buffett émergeait déjà comme un gestionnaire de fonds prospère et un investisseur avisé. Son partenariat, le Buffett Partnership Ltd., était reconnu pour son rendement exceptionnel. L'anecdote qui illustre sa vision exceptionnelle et sa capacité à prendre des décisions audacieuses se déroule en 1963, au moment où American Express, l'une des entreprises les plus respectées à l'époque, a été secouée par un scandale financier qui a fait chuter le cours de ses actions.

American Express était alors un pilier de l'industrie financière, et le scandale qui a éclaté a ébranlé la confiance des investisseurs. Le titre a chuté de manière spectaculaire, créant une opportunité pour ceux qui avaient le courage d'investir dans une entreprise en difficulté. Pourtant, la plupart des investisseurs hésitaient à prendre position, redoutant que les conséquences du scandale ne plongent l'entreprise dans une crise prolongée.

Buffett, a vu au-delà des titres alarmistes des journaux et des fluctuations à court terme du marché. Il a choisi d'analyser la situation de manière approfondie, examinant les fondamentaux de l'entreprise plutôt que de se laisser emporter par la panique.

Convaincu que le scandale n'était qu'un revers temporaire pour une entreprise fondamentalement solide, il a pris une décision audacieuse : investir massivement dans les actions d'American Express.

Cette décision démontre la confiance inébranlable de Buffett dans ses propres analyses et sa capacité à prendre des risques calculés. Il croyait fermement que la confiance des consommateurs serait restaurée à mesure que les problèmes internes d'American Express seraient résolus. Ce jugement, bien que contraire à la tendance dominante du marché, a été le point de départ d'un chapitre exceptionnel dans l'histoire d'investissement de Warren Buffett.

Au cours des années qui ont suivi, l'action d'American Express a rebondi de manière impressionnante, surpassant même les attentes les plus optimistes. Les investisseurs qui avaient suivi le jugement de Buffett ont été récompensés par des rendements exceptionnels, tandis que l'Oracle d'Omaha gagnait en crédibilité sur la scène financière mondiale.

Cette anecdote ne se limite pas à une simple prise de position réussie. Elle met en lumière la philosophie fondamentale de Buffett en matière d'investissement. Alors que beaucoup réagissent de manière émotionnelle aux hauts et aux bas du marché, Buffett reste calme et concentré sur les fondamentaux des entreprises. Sa stratégie repose sur la recherche de la valeur intrinsèque à long terme plutôt que sur les fluctuations à court terme du marché.

Cette anecdote ne se limite pas à une simple prise de position réussie. Elle met en lumière la philosophie fondamentale de Buffett en matière d'investissement.

Alors que beaucoup réagissent de manière émotionnelle aux hauts et aux bas du marché, Buffett reste calme et concentré sur les fondamentaux des entreprises.

Sa stratégie repose sur la recherche de la valeur intrinsèque à long terme plutôt que sur les fluctuations à court terme du marché.

Cette approche contrariante, bien qu'elle puisse sembler risquée pour certains, a été la clé du succès durable de Buffett. Son choix d'investir dans American Express pendant une période d'incertitude démontre sa volonté de défier le consensus du marché lorsque ses convictions le guident. C'est un exemple de son engagement envers une évaluation minutieuse des entreprises, de sa compréhension profonde des marchés financiers et de sa confiance indéfectible dans ses propres capacités d'analyse.

Au fil des décennies, cette anecdote a été citée maintes fois pour illustrer la sagesse et la clairvoyance de Buffett en matière d'investissement. Elle continue d'inspirer de nouveaux investisseurs, leur enseignant que le succès financier peut souvent être trouvé en nageant à contre-courant et en restant fidèle à une vision à long terme. C'est une leçon intemporelle qui transcende les époques et continue d'alimenter le mythe entourant l'homme qui est devenu l'un des investisseurs les plus légendaires de l'histoire.

Chapitre 2
Audrey Hepburn : L'Élégance en Action

Audrey Hepburn, l'icône intemporelle du glamour hollywoodien, est bien plus qu'une légende du cinéma. Sa vie, imprégnée d'une grâce et d'une élégance uniques, est aussi le récit inspirant d'une femme qui a surmonté les vicissitudes de la vie avec une détermination inébranlable.

Née le 4 mai 1929 à Ixelles, une municipalité de Bruxelles, Audrey a passé une partie significative de son enfance en Belgique. Son père, Joseph Victor Anthony Ruston, était un banquier anglais, et sa mère, Ella van Heemstra, une baronne hollandaise. Cependant, la vie insouciante d'Audrey a été bouleversée par les événements historiques alors qu'elle n'était encore qu'une jeune fille. La Seconde Guerre mondiale a éclaté, jetant une ombre sombre sur l'Europe.

La famille Hepburn-Ruston a été durement touchée par la guerre. Son père a quitté la maison, sa mère a rejoint la résistance, et Audrey a vécu des jours difficiles sous l'occupation allemande. La pénurie de nourriture était la norme, et la jeune Audrey, souffrant de malnutrition, a connu des moments difficiles. Ces expériences ont laissé une empreinte indélébile sur elle, influençant plus tard son engagement envers des causes humanitaires.

Après la guerre, Audrey s'est dirigée vers Londres avec l'intention de devenir danseuse classique. Cependant, elle a été confrontée à des défis majeurs. Son rêve de devenir une ballerine étoile a été anéanti en raison de problèmes de santé, et elle a été forcée de repenser sa carrière. C'est à ce moment critique que le destin a dirigé Audrey vers le monde du cinéma.

Son premier rôle majeur est survenu en 1951 avec le film "Vacances Romaines" ("Roman Holiday"), où elle incarne une princesse échappant aux contraintes de la royauté. Ce rôle a propulsé Audrey sur le devant de la scène, lui valant un Oscar de la meilleure actrice. C'était le début d'une carrière extraordinaire, mais cela ne signifiait pas la fin des défis personnels.

Dans les années qui ont suivi, Audrey Hepburn a incarné des personnages emblématiques dans des films tels que "Sabrina", "Breakfast at Tiffany's" et "My Fair Lady". Son charme et son élégance ont captivé le public du monde entier. Cependant, derrière le glamour de la scène, Audrey a continué à faire preuve d'une résilience exceptionnelle.

Son engagement envers des causes humanitaires a été une constante dans sa vie. Audrey a été nommée ambassadrice de bonne volonté pour l'UNICEF en 1989. Se remémorant les jours difficiles de la guerre, elle s'est consacrée à la mission de soulager la souffrance des enfants dans le monde entier. Son travail acharné et dévoué en faveur des enfants défavorisés a été couronné de succès, et elle a reçu le prix humanitaire Jean Hersholt en reconnaissance de ses efforts.

Son engagement envers des causes humanitaires a été une constante dans sa vie. Audrey a été nommée ambassadrice de bonne volonté pour l'UNICEF en

1989. Se remémorant les jours difficiles de la guerre, elle s'est consacrée à la mission de soulager la souffrance des enfants dans le monde entier.

Son travail acharné et dévoué en faveur des enfants défavorisés a été couronné de succès, et elle a reçu le prix humanitaire Jean Hersholt en reconnaissance de ses efforts.

Un aspect remarquable de la vie d'Audrey est sa capacité à rester fidèle à elle-même malgré la pression constante de l'industrie du divertissement.

Elle a choisi de mettre fin à sa carrière cinématographique au début des années 1970 pour se consacrer davantage à sa famille et à des causes humanitaires. Cette décision démontre une force intérieure rare, affirmant que la véritable réussite réside dans la fidélité à ses valeurs fondamentales.

La vie personnelle d'Audrey a également été marquée par des épreuves. Ses deux mariages ont connu des difficultés, et elle a dû faire face à la douleur de deux divorces. Cependant, même dans ces moments difficiles, elle a gardé sa dignité et sa grâce, se montrant résiliente face aux revers personnels. Son style emblématique, caractérisé par des tenues simples et élégantes, a défini une ère et continue d'influencer la mode contemporaine.

Audrey a déclaré une fois : "L'élégance est la seule beauté qui ne se fane jamais". Cette citation résonne avec la façon dont elle a mené sa vie, mettant en lumière l'importance de la grâce intérieure et de la gentillesse.

Audrey Hepburn a quitté ce monde en 1993, emportée par le cancer. Cependant, son héritage perdure à travers ses films intemporels, son style inimitable et son engagement humanitaire.

Son parcours, marqué par la résilience, l'humilité et la compassion, est une source inépuisable d'inspiration pour les générations présentes et futures.

En conclusion, Audrey Hepburn incarne bien plus qu'une actrice talentueuse. Elle représente la quintessence de la grâce et de la résilience face à l'adversité. Son parcours de la guerre à la gloire, du glamour à l'engagement humanitaire, témoigne d'une force intérieure extraordinaire. Audrey Hepburn demeure une étoile scintillante dans le firmament du cinéma et de la philanthropie, rappelant au monde que la véritable beauté réside dans la gentillesse et la compassion.

Chapitre 3
LeBron James : Le Triomphe de l'Enfant Prodige

Au cœur des rues modestes d'Akron, Ohio, une histoire extraordinaire a commencé à prendre forme, marquant le début d'une épopée qui transcenderait les frontières du basketball pour devenir une source d'inspiration pour des millions de personnes à travers le monde. L'enfant prodige de ces quartiers modestes, LeBron James, est bien plus qu'un joueur de basketball exceptionnel ; il incarne la persévérance, la résilience et la grandeur forgées dans les feux de l'adversité.

Né le 30 décembre 1984, LeBron Raymone James a fait ses premiers pas dans un monde où les opportunités semblaient limitées. Grandissant dans une situation économique difficile, son foyer était souvent instable.

Pourtant, même dans ces circonstances difficiles, LeBron a trouvé refuge dans le monde du basketball. Son amour pour le jeu a pris racine dans des terrains de jeu poussiéreux où il a commencé à faire preuve d'un talent éclatant qui ne passait pas inaperçu.

Dès son adolescence, LeBron a émergé comme une force inarrêtable sur le terrain. À la St. Vincent-St. Mary High School d'Akron, ses performances exceptionnelles ont attiré les regards du pays entier. Ses dunks puissants et son agilité exceptionnelle ont laissé les amateurs de basketball en émerveillement, anticipant ce qui allait devenir une carrière légendaire.

Mais avec le succès est venu le poids des attentes, et LeBron a rapidement dû faire face à une pression incommensurable. À seulement dix-sept ans, il était déjà comparé aux plus grands noms du basketball.

Plutôt que de succomber à la pression, il a répondu sur le terrain. Lors de son dernier match au lycée, LeBron a marqué 52 points, démontrant qu'il était prêt à passer au niveau suivant, à affronter les géants de la NBA.

En 2003, LeBron a été choisi en première position de la draft NBA par les Cleveland Cavaliers, faisant de lui la figure centrale d'un renouveau attendu. Mais même avec cette opportunité exceptionnelle, les débuts n'ont pas été faciles. Les Cavaliers étaient loin d'être une équipe gagnante, et la charge de la responsabilité reposait sur les épaules jeunes et larges de LeBron.

Sa première saison a été marquée par des moments de brillance individuelle, mais aussi par des défis d'adaptation au niveau professionnel. Cependant, LeBron n'a jamais abandonné. Il a travaillé inlassablement pour améliorer son jeu et a rapidement évolué en l'un des joueurs les plus dominants de la ligue. En 2007, il a conduit les Cavaliers en finale NBA, une réalisation extraordinaire pour un jeune prodige qui n'avait que 22 ans à l'époque.

Cependant, malgré ses exploits individuels, LeBron n'avait pas encore remporté de titre NBA. En 2010, il a pris la décision controversée de quitter Cleveland pour rejoindre les Miami Heat, dans l'espoir de former une équipe gagnante aux côtés de Dwyane Wade et Chris Bosh. Cette décision a été critiquée, mais elle a également été le reflet d'une réalité : LeBron cherchait à réaliser son rêve de remporter un championnat.

Sous le feu des projecteurs et avec les attentes exacerbées, LeBron a non seulement remporté deux titres consécutifs avec les Heat en 2012 et 2013, mais il a également été un leader exceptionnel, prouvant qu'il pouvait assumer le rôle de meneur d'une équipe gagnante. Cependant, son parcours n'était pas exempt d'adversité.

Le retour à Cleveland en 2014 a été un moment charnière. LeBron a annoncé son retour avec une lettre émotionnelle, exprimant son amour pour sa ville natale et son désir de ramener un championnat à Cleveland. En 2016, il a fait bien plus que cela. Menant les Cavaliers à une victoire historique contre les Golden State Warriors lors des finales NBA, LeBron a réalisé l'impossible. Il a non seulement concrétisé son rêve, mais il a également offert à sa ville natale son premier championnat majeur en 52 ans.

Cependant, LeBron ne se limite pas à ses exploits sur le terrain. Il a utilisé sa notoriété et sa fortune pour faire une différence dans la vie des autres. En 2018, il a ouvert l'école "I PROMISE School" à Akron, offrant une éducation gratuite et des ressources aux enfants défavorisés. Cette initiative a mis en lumière son engagement envers sa communauté et son désir de créer un impact positif durable.

Aujourd'hui, LeBron James est bien plus qu'une superstar du basketball. Il est un entrepreneur, un philanthrope et un modèle à suivre pour des millions de jeunes aspirants à travers le monde. Sa capacité à surmonter l'adversité, à rester concentré sur ses objectifs et à inspirer les autres à atteindre leur plein potentiel fait de lui bien plus qu'un joueur de basketball

Il est une icône mondiale de la réussite personnelle et de l'impact positif. L'histoire de LeBron James est celle d'un enfant prodige qui a surmonté les obstacles pour devenir un champion sur le terrain et un leader dans la vie.

Chapitre 4
Richard Branson : l'entrepreneur hippy

L'histoire inspirante de Richard Branson est une épopée entrepreneuriale qui a commencé avec une passion pour la musique et une détermination inébranlable à repousser les limites. L'une des anecdotes les plus emblématiques de Branson est celle du lancement de Virgin Records et de la naissance de sa compagnie aérienne, Virgin Atlantic.

Au début des années 1970, Branson était déjà un entrepreneur accompli avec Virgin Records, un label discographique qui avait signé des artistes révolutionnaires tels que The Sex Pistols. Cependant, l'histoire que nous allons explorer se déroule en 1984, lorsque Branson décida de se lancer dans l'industrie aéronautique.

À cette époque, Branson se trouvait sur une île des Caraïbes avec un groupe d'amis. Son vol charter pour rentrer en Angleterre fut annulé à la dernière minute, laissant Branson et ses compagnons de voyage sans moyen de transport. Au lieu de se laisser décourager, Branson chercha une solution et trouva un avion privé qui accepta de les transporter. Pour le financer, il ouvrit un carnet de commandes improvisé et invita les autres passagers à réserver des sièges. C'est ainsi que naquit Virgin Atlantic Airways.

Cette anecdote reflète l'esprit audacieux et la réactivité de Branson face à l'adversité .

Au lieu de rester bloqué sur une île lointaine, il a pris l'initiative de trouver une solution, transformant une situation délicate en une opportunité d'affaires. Cette aventure a été le catalyseur qui a donné naissance à l'une des compagnies aériennes les plus emblématiques au monde.

Lorsque Branson lança Virgin Atlantic, il fit face à une concurrence féroce de la part des grandes compagnies aériennes établies.

Virgin Atlantic devait s'imposer dans un marché déjà saturé, mais Branson ne recula pas devant le défi. Il se fixa pour mission de révolutionner l'expérience du voyage aérien en offrant des services de qualité supérieure, une approche innovante et un service à la clientèle exceptionnel.

Un des moments charnières pour Virgin Atlantic fut le vol inaugural de l'entreprise entre Londres et New York. Branson, ne reculant devant aucun coup marketing, décida d'affréter un Boeing 747 baptisé "Maiden Voyager" et le remplit de célébrités et de journalistes. Le vol fut un succès, attirant l'attention du public sur la nouvelle compagnie aérienne et établissant Virgin Atlantic comme un acteur audacieux et novateur dans l'industrie.

Au fil des ans, Virgin Atlantic a continué à croître, à innover et à bousculer les normes établies. La société s'est forgé une réputation pour ses initiatives avant-gardistes, devenant célèbre pour ses cabines élégantes, son divertissement en vol révolutionnaire, et son engagement envers l'excellence du service. Virgin Atlantic est devenue synonyme de voyage aérien de qualité, tout en conservant une touche de style rebelle propre à l'esprit Virgin.

Cette anecdote illustre plusieurs facettes de la personnalité de Branson. Son esprit entrepreneur, sa capacité à transformer les obstacles en opportunités, et sa volonté de défier les conventions.

Il incarne le principe selon lequel le succès provient souvent de la prise de risques calculés, de la résilience face à l'adversité, et de la persévérance malgré les doutes. Créer des opportunités là où d'autres voient des obstacles.

Chapitre 5
Franklin D. Roosevelt : L'architecte de l'histoire.

L'histoire de Franklin D. Roosevelt est intrinsèquement liée à une période cruciale de l'histoire américaine, marquée par la Grande Dépression et la Seconde Guerre mondiale. L'une des anecdotes les plus inspirantes de sa vie est peut-être celle qui concerne sa lutte contre la polio et la manière dont il a surmonté cette maladie débilitante pour devenir l'un des présidents les plus influents des États-Unis.

En 1921, à l'âge de 39 ans, Roosevelt a contracté la poliomyélite alors qu'il était en vacances en Floride. La polio est une maladie virale qui attaque le système nerveux, entraînant souvent une paralysie permanente ou partielle.

Pour Roosevelt, homme politique actif et prometteur à l'époque, le diagnostic était dévastateur. Il a perdu l'usage de ses jambes et a été contraint de faire face à une réalité qui semblait incompatible avec sa carrière politique en plein essor.

L'anecdote inspirante commence avec la manière dont Roosevelt a réagi à ce tournant dramatique de sa vie. Plutôt que de se laisser abattre par le désespoir, il a fait preuve d'une détermination inébranlable et d'une résilience extraordinaire.
Roosevelt a entrepris une longue et ardue rééducation physique, s'efforçant de

retrouver la force et la mobilité de ses jambes. Sa femme, Eleanor, et d'autres membres de sa famille ont joué un rôle essentiel dans son soutien émotionnel et physique.

Pendant cette période de rééducation, Roosevelt a adopté une attitude proactive envers sa maladie. Il a créé le "Little White House" en Géorgie, un centre de villégiature où il pouvait continuer à travailler tout en se concentrant sur sa guérison. Il a également été un pionnier dans l'utilisation de la thérapie aquatique, passant de nombreuses heures dans des piscines spécialement conçues pour favoriser la rééducation.

La manière dont Roosevelt a traité sa maladie a également eu un impact sur la perception de la polio dans la société. À l'époque, la polio était souvent associée à la stigmatisation, et les personnes atteintes étaient souvent marginalisées. En exposant ouvertement sa lutte contre la maladie, Roosevelt a contribué à sensibiliser le public et à réduire la stigmatisation liée à la polio.

Cependant, l'aspect le plus remarquable de cette anecdote réside dans la transformation personnelle de Roosevelt. Sa lutte contre la polio a non seulement forgé sa détermination, mais elle a également développé son empathie envers les personnes handicapées.

Cette expérience personnelle a largement influencé ses politiques en tant que président en faveur des droits des personnes handicapées.
En 1932, Roosevelt a été élu président des États-Unis alors que la nation était

était plongée dans la Grande Dépression. À ce moment-là, beaucoup de ses concitoyens étaient également aux prises avec des difficultés économiques, et la compassion de Roosevelt pour ceux qui souffraient était profondément enracinée dans sa propre expérience de la lutte.

Son approche révolutionnaire du New Deal a apporté des réformes et des programmes qui ont changé la donne pour des millions d'Américains touchés par la crise économique.

Alors que le monde entrait dans la Seconde Guerre mondiale, Roosevelt a dû faire face à des défis monumentaux en tant que leader mondial. Sa vision, son leadership et son habileté à mobiliser les ressources nationales ont été essentiels pour guider les États-Unis à travers cette période difficile.

L'anecdote de la lutte de Roosevelt contre la polio et sa capacité à transformer cette adversité en une force motivante illustre sa remarquable résilience et son optimisme indomptable. Son histoire rappelle aux générations futures que, même face à des défis apparemment insurmontables, la détermination, la persévérance et la volonté de surmonter l'adversité peuvent conduire à des accomplissements extraordinaires.

Franklin D. Roosevelt est ainsi devenu l'un des présidents les plus mémorables de l'histoire américaine, non seulement en raison de ses réalisations politiques, mais aussi en raison de sa capacité à transformer les défis personnels en une source d'inspiration pour des millions de personnes à travers le monde. Son héritage demeure un rappel intemporel que même au milieu des ténèbres, la lumière de la détermination peut guider le chemin vers des sommets inattendus.

Chapitre 6
<u>Katherine Johnson : l'étoile des calculs</u>

Katherine Johnson, une figure éminente et souvent méconnue de l'histoire, était une mathématicienne et physicienne afro-américaine dont les contributions exceptionnelles ont joué un rôle crucial dans le programme spatial américain, en particulier pendant les premières missions de la NASA.

L'anecdote inspirante de Katherine Johnson commence dans les années 1950 et 1960, une époque où la ségrégation raciale était encore profondément enracinée aux États-Unis. Malgré les défis sociaux et les obstacles systémiques auxquels elle était confrontée, Katherine s'est imposée comme une brillante mathématicienne, même à une époque où les femmes, en particulier les femmes de couleur, étaient largement sous-représentées dans le domaine scientifique.

Née en 1918 en Virginie-Occidentale, Katherine Johnson a montré très tôt un talent exceptionnel pour les mathématiques. Elle a été admise à l'université à l'âge de 15 ans, où elle a étudié les mathématiques et la physique. Après avoir obtenu son diplôme, elle a commencé à enseigner avant d'être recrutée par la NASA, qui était alors appelée le National Advisory Committee for Aeronautics (NACA), en 1953.

Au sein de la division West Area Computing de la NACA, Katherine a rapidement démontré ses compétences exceptionnelles en calcul, résolvant des problèmes complexes liés à la dynamique des vols et aux trajectoires orbitales. À cette époque, les ordinateurs étaient loin d'être aussi sophistiqués qu'aujourd'hui, et les calculs complexes étaient souvent effectués manuellement. Katherine était l'une des "ordinateurs humains" talentueux qui ont contribué à ces tâches.

L'une des contributions les plus marquantes de Katherine Johnson a été son travail sur le programme spatial Mercury de la NASA. À l'époque, les astronautes américains étaient sur le point de devenir les premiers humains à être envoyés dans l'espace. Cependant, les calculs nécessaires pour assurer le succès de ces missions étaient extrêmement complexes. Les premiers ordinateurs étaient utilisés pour vérifier les résultats descalculs manuels, mais la NASA a rapidement réalisé que la précision des calculs manuels de Katherine était inégalée.

L'anecdote spécifique qui souligne son ingéniosité et sa précision se déroule lors de la mission Mercury-Atlas 6, qui a envoyé John Glenn en orbite autour de la Terre en 1962. Avant le vol historique, il y avait des doutes sur la fiabilité des ordinateurs électroniques nouvellement introduits. John Glenn lui-même aurait déclaré : "Get the girl" (Obtenez la fille) en référence à Katherine Johnson, insistant pour que ses coordonnées orbitales soient vérifiées par elle avant le vol.

Katherine a été chargée de vérifier les calculs de l'ordinateur IBM qui avait été programmé pour déterminer la trajectoire de la capsule spatiale de John Glenn.

Elle a effectué des calculs complexes à la main pour confirmer les résultats de l'ordinateur. Sa précision et sa confiance en ses propres capacités ont été cruciales pour le succès de cette mission historique.

Lorsque John Glenn a effectué son orbite, les calculs de Katherine Johnson se sont avérés être exacts. Sa contribution a été saluée comme un facteur clé du succès de la mission. Elle a continué à travailler à la NASA pendant de nombreuses années, contribuant également au programme Apollo qui a mené à l'alunissage historique de 1969.

L'histoire de Katherine Johnson ne se limite pas à ses réalisations scientifiques exceptionnelles. Elle a dû surmonter les préjugés et les obstacles liés à la ségrégation raciale et au sexisme. Sa détermination, son intellect hors pair et son courage ont ouvert la voie à d'autres femmes et minorités dans le domaine scientifique.

En 2015, Katherine Johnson a été honorée par le président Barack Obama avec la Médaille présidentielle de la Liberté, et en 2016, un film intitulé "Les Figures de l'ombre" a été réalisé, mettant en lumière le travail remarquable de Katherine Johnson et d'autres femmes afro-américaines à la NASA.

Katherine Johnson est une icône de la résilience, de l'intelligence et de la détermination. Son histoire inspire non seulement dans le contexte de la conquête spatiale, mais aussi en tant que récit profondément humain d'une femme qui a défié les attentes et a laissé un héritage durable dans le domaine de la science et au-delà.

Chapitre 7
Elon Musk : L'éclat de SpaceX

Dans le monde des visionnaires audacieux et des entrepreneurs intrépides, Elon Musk occupe une place unique. L'histoire de SpaceX, l'une de ses nombreuses entreprises révolutionnaires, offre une anecdote inspirante qui transcende les frontières de l'impossible. Cette histoire, celle d'un homme déterminé à conquérir l'espace, est un voyage éblouissant de passion, de persévérance et d'innovation.

Au début des années 2000, Elon Musk s'est lancé dans une aventure qui semblait tout droit sortie d'un livre de science-fiction : créer une entreprise spatiale privée capable de réduire le coût d'accès à l'espace et de rendre la colonisation de Mars possible.

C'est ainsi que SpaceX (Space Exploration Technologies Corp.) a vu le jour en 2002, avec pour objectif ultime de révolutionner l'industrie spatiale. Lorsque Musk a annoncé son intention de coloniser Mars et de rendre l'humanité multiplanétaire, beaucoup ont considéré cela comme une ambition démesurée, voire utopique. Cependant, ce serait sous-estimer la détermination féroce et la vision inébranlable de Musk.

L'une des premières épreuves majeures auxquelles SpaceX a été confronté a été le lancement du Falcon 1, le premier lanceur orbital privé au monde.

Les premières tentatives ont été infructueuses, marquant trois échecs consécutifs en 2006, 2007 et 2008. SpaceX était au bord de la faillite, et les observateurs sceptiques prédisaient l'effondrement imminent de l'entreprise.

Cependant, au lieu de plier face à l'adversité, Musk a fait preuve d'une résilience extraordinaire. À l'annonce du troisième échec, plutôt que de se retirer, il a rassemblé son équipe et a fait une déclaration mémorable : "Si nous ne faisons pas du Falcon 1 un succès, SpaceX ne survivra pas."

Cette situation critique a marqué un tournant dans l'histoire de SpaceX et a mis en lumière la force de caractère d'Elon Musk. Plutôt que d'abandonner, il a investi les derniers fonds personnels de sa fortune dans l'entreprise, montrant une foi inébranlable dans la mission de SpaceX et sa conviction que l'exploration spatiale privée pouvait être réalisée avec succès.

Le quatrième lancement du Falcon 1, en septembre 2008, a été un moment charnière. Le succès de cette mission a été crucial pour la survie de SpaceX. Lorsque le lanceur a atteint l'orbite terrestre, SpaceX est devenu la première entreprise privée à mettre un engin en orbite autour de la Terre. C'était une victoire historique, non seulement pour SpaceX mais pour l'ensemble de l'industrie spatiale.

Ce triomphe initial a cependant été suivi de nombreux autres défis. Le programme spatial est notoirement complexe, avec des enjeux financiers et techniques élevés. Malgré cela, Musk a maintenu un cap audacieux, repoussant les limites de ce qui était considéré comme possible.

Le projet le plus emblématique de SpaceX est le développement du Falcon 9, une fusée réutilisable qui a révolutionné le modèle économique des lancements spatiaux. Musk avait une vision à long terme de rendre les voyages spatiaux aussi communs que les voyages aériens, et le Falcon 9 était un pas de géant dans cette direction.

Le point culminant de l'histoire de SpaceX, jusqu'à présent, a été le lancement historique du Falcon Heavy en février 2018. Cette fusée était la plus puissante du monde à l'époque, avec la capacité de transporter des charges utiles massives dans l'espace. Pour ce vol inaugural, Musk a pris un risque audacieux en utilisant sa propre Tesla Roadster comme charge utile, envoyant la voiture rouge décapotable dans l'espace avec une mannequin appelée "Starman" à bord.

Ce vol a été un succès éclatant, démontrant la capacité de SpaceX à relever des défis techniques complexes. Plus important encore, cela a symbolisé l'esprit audacieux et la créativité sans bornes qui sont au cœur de l'approche de Musk envers l'exploration spatiale.

L'histoire de SpaceX et de son fondateur Elon Musk est bien plus qu'un récit sur la conquête de l'espace. C'est une leçon sur la persévérance face à l'adversité, sur la conviction en une vision audacieuse même lorsque le monde doute, et sur la capacité de transformer des rêves en réalité grâce à une détermination inflexible.

Au fil des années, SpaceX a continué à repousser les frontières de l'innovation spatiale, lançant des satellites, ravitaillant la Station spatiale internationale et travaillant sur le développement de systèmes pour coloniser Mars.

Chaque succès de SpaceX est un rappel puissant que même les objectifs les plus ambitieux sont atteignables avec la bonne combinaison de vision, de persévérance et d'ingéniosité.

En fin de compte, l'anecdote inspirante d'Elon Musk et de SpaceX est celle d'un homme qui a osé rêver grand, qui a refusé de se laisser décourager par les échecs, et qui a transformé une vision audacieuse en une réalité qui transcende les frontières de notre planète. Cette histoire continue de motiver et d'inspirer, rappelant à chacun de nous que même le ciel n'est pas la limite quand on a le courage de viser les étoiles.

Chapitre 8
<u>Harriet Tubman : Evasion de l'esclavage</u>

Harriet Tubman est une figure emblématique du mouvement abolitionniste américain. Née esclave en 1822 dans le Maryland, elle a non seulement échappé à l'esclavage elle-même, mais elle est également devenue une cheffe de file du chemin de fer clandestin, aidant des dizaines d'autres esclaves à trouver la liberté. Son histoire regorge d'actes héroïques, de bravoure et de détermination face à l'oppression.

Voici une anecdote qui illustre la détermination extraordinaire de Harriet Tubman à lutter pour la liberté et à guider d'autres vers un avenir meilleur.

Harriet Tubman avait déjà réussi à s'échapper de l'esclavage en 1849. Cependant, sa soif de liberté et son désir d'aider les autres à atteindre cet objectif ne se sont pas éteints avec sa propre émancipation. Elle savait que son travail n'était pas terminé tant que d'autres restaient enchaînés. Dès qu'elle eut goûté à la liberté, elle se lança courageusement dans des missions périlleuses pour libérer ceux qui étaient encore pris au piège de l'esclavage.

L'anecdote en question se déroule lors d'une de ses missions les plus audacieuses. Harriet avait reçu des informations selon lesquelles son frère, ses neveux et ses nièces étaient sur le point d'être vendus, risquant d'être séparés et vendus à différentes plantations. Son cœur débordant de détermination, elle décida de se rendre en territoire esclavagiste, où chaque pas pouvait signifier la découverte et la capture.

Elle savait que le danger était imminent, mais son engagement envers sa famille et son idéal de liberté étaient plus forts que la peur. Harriet se mit en route, utilisant son intuition aiguisée et sa connaissance des astuces pour éviter d'être détectée. Voyageant la nuit, elle se cachait le jour, utilisant les étoiles pour s'orienter vers le nord, vers la liberté.

À son arrivée dans la région où sa famille était retenue en captivité, elle se mit à la recherche d'informations. Elle écouta les murmures dans les communautés d'esclaves, recueillit des renseignements auprès de ceux qui avaient le courage de partager leurs histoires. Harriet utilisait ses compétences exceptionnelles en matière de navigation et de survie pour rester invisible aux yeux des chasseurs d'esclaves.

Lorsqu'elle localisa enfin sa famille, elle réalisa l'ampleur du défi qui l'attendait. Ils étaient gardés dans une ferme isolée, entourée de patrouilles esclavagistes et de chiens renifleurs. Harriet comprit qu'une approche directe serait trop risquée. Sa stratégie devait être aussi subtile et intelligente que le réseau de tunnels qu'elle utilisait pour guider les esclaves vers la liberté.

Harriet planifia méticuleusement une opération de sauvetage.
Elle observa les routines des gardes, étudia les schémas de patrouille, et attendit le moment propice. Les nuits étaient ses alliées, et c'est sous le

manteau de l'obscurité qu'elle se faufila dans la ferme. Munie de signaux convenus avec sa famille, elle parvint à les localiser silencieusement.

Le défi ne faisait que commencer. Harriet utilisa ses compétences de meneuse et son charisme naturel pour motiver sa famille, les rassurant tout en les incitant à suivre ses instructions à la lettre. Chaque bruissement de feuille, chaque souffle, devait être contrôlé pour éviter d'alerter les gardes endormis ou les chiens vigilants.

Le groupe, guidé par Harriet, avança prudemment dans l'obscurité. Chaque instant était crucial. Ils s'éloignèrent de la ferme, contournant habilement les obstacles. Harriet, en utilisant son expérience acquise lors de ses nombreuses missions du chemin de fer clandestin, dirigea le groupe à travers des sentiers secrets, des rivières cachées, et des zones de marais difficiles d'accès.

Les premières lueurs de l'aube commencèrent à apparaître à l'horizon lorsque Harriet et sa famille atteignirent enfin un territoire où l'esclavage n'avait plus cours. La libération était palpable, le poids des chaînes s'évaporant dans l'air. Harriet, épuisée mais remplie d'un sentiment indescriptible de triomphe, savait qu'elle venait de réaliser une mission extraordinaire.

L'anecdote de cette opération de sauvetage incarne la détermination et la bravoure exceptionnelles de Harriet Tubman .
Elle risqua sa vie à plusieurs reprises pour libérer sa famille et d'autres personnes du joug oppressant de l'esclavage. Sa perspicacité stratégique, sa

connaissance du terrain et son courage inébranlable ont permis à ces personnes de retrouver la liberté et de forger un nouveau destin loin des chaînes de l'esclavage.

L'histoire de Harriet Tubman va au-delà de sa propre évasion de l'esclavage. Elle a consacré sa vie à guider des centaines d'autres vers la liberté, laissant un héritage d'héroïsme qui continue d'inspirer les générations futures.

Son courage et sa détermination restent une source inépuisable d'inspiration, rappelant à chacun que, même dans les moments les plus sombres, la lumière de la liberté peut percer les ténèbres grâce à la force indomptable de l'esprit humain.

Chapitre 9
<u>Beyoncé Knowles : Queen Bey</u>

L'histoire inspirante de Beyoncé Knowles, icône mondiale de la musique, s'étend sur plusieurs décennies et illustre non seulement son incroyable talent artistique, mais aussi sa détermination inébranlable à atteindre l'excellence dans tous les aspects de sa vie.

Beyoncé est née le 4 septembre 1981 à Houston, au Texas. Dès son plus jeune âge, il était évident qu'elle avait un talent musical exceptionnel.

À l'âge de sept ans, elle a remporté un concours de chant à l'école, marquant le début de sa carrière artistique. Ses parents, Mathew et Tina Knowles, ont rapidement reconnu son potentiel et ont formé le groupe Destiny's Child, avec Beyoncé comme membre principal. Le groupe a connu un succès précoce, mais la route vers la célébrité n'était pas sans défis.

L'une des premières épreuves majeures de Beyoncé est survenue en 2000 lorsqu'elle a annoncé publiquement son départ de Destiny's Child. À l'époque, le groupe était au sommet de sa popularité, et beaucoup se demandaient pourquoi la chanteuse phare prenait une telle décision.

Cependant, Beyoncé avait une vision claire de sa carrière solo et de son désir de s'émanciper artistiquement.

Son premier album solo, "Dangerously in Love", sorti en 2003, a marqué le début d'une carrière solo fulgurante. L'album a remporté cinq Grammy Awards, et Beyoncé s'est affirmée comme une artiste solo de renom. Cette transition a été un pari audacieux, mais elle a prouvé que le succès peut souvent découler de la prise de risques et de la confiance en sa propre vision.

Cependant, le parcours de Beyoncé n'était pas sans adversité. En 2001, lors des répétitions des MTV Video Music Awards, elle a trébuché et est tombée sur scène. Au lieu de rester au sol ou de laisser cet incident la décourager, elle s'est relevée avec grâce et a continué sa performance. Ce moment a été emblématique de la résilience de Beyoncé et de sa capacité à transformer l'adversité en triomphe.

Le mariage de Beyoncé avec le rappeur Jay-Z en 2008 a également été l'objet d'une intense spéculation médiatique. Des rumeurs de problèmes conjugaux ont circulé, mais plutôt que de succomber à la pression des médias, le couple a choisi de gérer sa vie privée de manière réservée. Beyoncé a utilisé cette période comme une opportunité pour se recentrer sur sa vie personnelle et artistique, tout en élevant la barre de l'intimité dans l'ère des médias sociaux et des ragots incessants.

L'une des étapes les plus significatives de la carrière de Beyoncé a été la sortie de l'album visuel "Lemonade" en 2016. L'album a abordé des thèmes tels que la race, la féminité et l'infidélité, et a été salué pour son audace artistique et sa puissance narrative.

Beyoncé a choisi de partager des parties intimes de sa vie, défiant ainsi les normes de confidentialité souvent associées aux célébrités. Un moment particulièrement émouvant de "Lemonade" est la chanson "Freedom", qui explore des thèmes de résilience et d'émancipation.

La performance visuelle accompagnant cette chanson met en scène des mères de jeunes hommes noirs tués en raison de la brutalité policière, soulignant l'engagement de Beyoncé envers les problèmes sociaux et sa volonté de donner une voix aux communautés marginalisées.

En 2017, Beyoncé a annoncé qu'elle était enceinte de jumeaux, et sa performance époustouflante aux Grammy Awards cette année-là a été saluée comme un hommage puissant à la maternité et à la féminité. Elle a parlé ouvertement des complications qu'elle a rencontrées pendant la grossesse, y compris la prééclampsie, et a souligné l'importance de reconnaître et de surmonter les défis.

La performance de Beyoncé au festival Coachella en 2018, surnommée "Beychella", a été un moment historique. En tant que première femme noire à être tête d'affiche de l'événement, elle a livré une performance puissante célébrant la culture noire, l'émancipation féminine et l'excellence artistique. Elle a également rendu hommage aux universités historiquement noires et a créé une bourse d'études, le "Homecoming Scholars Award Program", pour soutenir l'éducation des jeunes femmes afro-américaines.

Un autre aspect remarquable de la carrière de Beyoncé est son engagement philanthropique. Elle est la fondatrice de "BeyGOOD", une initiative caritative qui vise à fournir des secours d'urgence, à soutenir l'éducation et à promouvoir des causes sociales. Elle a également soutenu activement des organisations telles que "Black Lives Matter" et "March for Our Lives".

En somme, l'histoire de Beyoncé est une saga de réussite, de résilience et de détermination. Elle a transcendé les étiquettes et les stéréotypes pour devenir une force puissante dans l'industrie musicale et au-delà. Son parcours, jalonné de triomphes et de défis, inspire des millions de personnes à travers le monde à poursuivre leurs rêves avec passion, authenticité et détermination.

Beyoncé incarne la notion que le succès véritable n'est pas seulement mesuré par la renommée, mais par la capacité de surmonter les obstacles avec grâce et de créer un héritage significatif.

Chapitre 10
Temie Giwa-Tubosun : Hémoglobinement Inspirante

Temie Giwa-Tubosun, entrepreneure et fondatrice de LifeBank, incarne l'esprit de détermination, l'ingéniosité et la volonté de surmonter les obstacles pour créer un impact significatif dans le monde. Son histoire est un récit inspirant de persévérance, d'innovation et d'engagement envers une cause humanitaire.

L'aventure de Temie commence au Nigeria, où elle est née et a grandi. Très tôt, elle ressent le besoin profond de faire une différence dans la vie des autres, particulièrement dans le domaine de la santé. C'est au cours de ses études en pharmacie qu'elle prend conscience des défis critiques auxquels le système de santé nigérian est confronté, en particulier en ce qui concerne l'accès aux produits sanguins essentiels.

L'anecdote cruciale de son parcours débute avec une expérience personnelle poignante. Temie a été témoin de la difficulté de trouver du sang pour un proche malade. Ce moment a été le catalyseur qui l'a propulsée dans une quête viscérale pour résoudre le problème persistant de l'approvisionnement en produits sanguins au Nigeria.

Convaincue que la technologie pouvait être une force motrice de changement,

Temie décide de créer LifeBank en 2015.

LifeBank est une plateforme numérique qui relie les banques de sang, les hôpitaux et les patients, facilitant ainsi une distribution plus efficace et rapide du sang en cas d'urgence. L'idée était simple mais révolutionnaire : utiliser la technologie pour résoudre le problème fondamental de la pénurie de sang et sauver des vies.

Le chemin vers la concrétisation de cette vision, cependant, était tout sauf simple. Temie a dû faire face à une série de défis, tant au niveau opérationnel que structurel.

L'industrie de la santé, avec ses réglementations strictes et ses pratiques établies, était un terrain difficile à conquérir. De plus, elle a dû composer avec des préjugés de genre, en tant que femme entrepreneure dans un secteur où les femmes étaient sous-représentées.

Pourtant, Temie n'a jamais laissé ces obstacles entraver sa mission. Elle a rassemblé une équipe dévouée et compétente, partageant sa passion pour résoudre ce problème critique de santé publique.

Ensemble, ils ont développé une application innovante qui permettait aux banques de sang et aux hôpitaux de coordonner de manière transparente la demande et l'approvisionnement en produits sanguins.

L'une des réalisations les plus marquantes de Temie et de son équipe a été la mise en place de "Blood Bank on Demand". Grâce à cette initiative, LifeBank a réussi à réduire considérablement le temps nécessaire pour livrer du sang aux patients dans le besoin.

Des drones ont été utilisés pour surmonter les défis logistiques liés à la circulation routière dense, fournissant du sang de manière rapide et efficace, souvent en quelques heures.

Cette approche novatrice a eu un impact immédiat et significatif sur la vie des personnes. Des vies qui étaient auparavant en suspens en raison du manque de produits sanguins ont été sauvées. L'anecdote inspirante de Temie Giwa-Tubosun réside dans sa capacité à transformer une expérience personnelle difficile en une entreprise qui change la donne pour des milliers de personnes.

En plus de ses réalisations opérationnelles, Temie est également devenue une voix éminente dans le domaine de l'entrepreneuriat social et de la santé mondiale. Elle a parlé lors de nombreuses conférences et a été reconnue par diverses organisations pour son engagement envers l'amélioration des soins de santé en Afrique et au-delà.

Son histoire souligne l'importance de l'innovation dans la résolution de problèmes cruciaux de la société. Elle démontre également le pouvoir de l'empathie, illustrant comment une expérience personnelle peut catalyser une action significative pour le bien commun. Temie Giwa-Tubosun incarne l'idée que les entrepreneurs, en particulier ceux axés sur la technologie, ont la

capacité de créer des solutions tangibles pour les défis de la vie réelle, même dans des secteurs traditionnellement complexes.

Au-delà de son rôle en tant que fondatrice de LifeBank, Temie continue d'inspirer en mettant en avant l'importance de l'équité en matière de santé et en plaidant pour l'accès universel aux soins de santé. Son parcours, bien qu'unique, offre des leçons précieuses pour tous ceux qui cherchent à combiner passion, technologie et impact social positif. Temie Giwa-Tubosun est une force motrice dans le domaine de l'entrepreneuriat social, rappelant au monde que des solutions innovantes peuvent émerger là où il y a une volonté inébranlable de créer un changement significatif.

Chapitre 11
Winston Churchill : L'orateur de la motivation

Au cœur de la Seconde Guerre mondiale, Winston Churchill, Premier ministre du Royaume-Uni, était un homme façonné par les épreuves et les triomphes de son temps.

Son leadership indomptable et sa détermination inébranlable ont été des piliers cruciaux dans la résistance britannique face à l'oppression nazie. Une anecdote particulièrement inspirante de sa vie émerge pendant les heures les plus sombres de la guerre, lorsqu'il a prononcé l'un de ses discours les plus célèbres et galvanisants.

C'était le 4 juin 1940, au lendemain de l'opération Dynamo, l'évacuation audacieuse des troupes alliées encerclées à Dunkerque. Le Royaume-Uni était à genoux, l'Europe continentale était largement sous le contrôle de l'Allemagne nazie, et la menace d'une invasion semblait imminente.

Churchill, confronté à l'adversité, s'adressa à la Chambre des communes avec des mots qui résonneraient à travers l'histoire.

Le discours, désormais connu sous le nom de "We Shall Fight on the Beaches" ("Nous nous battrons sur les plages"), était un appel à la résistance, une déclaration de détermination inébranlable face à l'ennemi.

Churchill, avec son éloquence magistrale, a prononcé ces paroles immortelles : "Nous nous battrons sur les plages, nous nous battrons sur les terrains de débarquement, nous nous battrons dans les champs et dans les rues, nous nous battrons dans les collines. Nous ne nous rendrons jamais."

Ces mots n'étaient pas seulement un appel à la résistance militaire, mais aussi un rappel de la détermination indomptable d'une nation à défendre ses valeurs et sa liberté. L'anecdote réside dans la manière dont Churchill a insufflé un esprit de résilience à un pays au bord du désespoir.

Churchill avait la capacité rare de transformer l'adversité en une force mobilisatrice. Sa confiance et son courage étaient contagieux, et son discours du 4 juin 1940 est souvent cité comme l'un des moments les plus marquants de son leadership. Il captura l'essence même de la résistance britannique et inspira non seulement ses compatriotes, mais le monde entier.

Il est important de noter que ce discours a été prononcé à un moment où la situation semblait désespérée. Les troupes britanniques avaient été évacuées de Dunkerque, abandonnant une grande partie de leur équipement et étant confrontées à une puissante machine de guerre allemande.

Pourtant, Churchill a choisi de ne pas se livrer à la désolation, mais plutôt de mobiliser le courage et la détermination de son peuple.

Ce discours n'était pas simplement un exercice rhétorique, mais une déclaration profondément personnelle de la foi de Churchill en la résilience humaine. Il croyait en la capacité de l'humanité à surmonter les pires adversités, et il voulait que ses compatriotes partagent cette croyance.

L'anecdote illustre également la puissance des mots dans le contexte du leadership. Les paroles de Churchill étaient plus que de simples discours; elles étaient une arme contre le désespoir, un rempart contre la peur.

Son talent pour l'éloquence était un instrument crucial dans la boîte à outils de son leadership, capable de rallier une nation en temps de crise.

Le discours du 4 juin 1940 a laissé un héritage durable, devenant un symbole de résistance et d'espoir dans les moments difficiles. Il rappelle aux générations futures que, même lorsque les circonstances semblent insurmontables, la détermination, la foi et le leadership audacieux peuvent éclairer le chemin vers la victoire.

Ainsi, dans les pages de l'histoire, l'anecdote de Churchill sur les plages de Dunkerque demeure une source intarissable d'inspiration, rappelant au monde que même au milieu de la tempête, la lumière de la résilience humaine peut percer les ténèbres et guider l'humanité vers un avenir plus lumineux.

Chapitre 12
<u>Tim Berners Lee : Créateur du WWW.</u>

Tim Berners-Lee, né le 8 juin 1955 à Londres, est un scientifique britannique qui a révolutionné le monde en inventant le World Wide Web. Son histoire est empreinte d'une vision audacieuse et d'une détermination exceptionnelle qui ont abouti à la création d'une plateforme qui a transformé la manière dont nous partageons et accédons à l'information à l'échelle mondiale.

L'histoire commence dans les années 1980, lorsque Berners-Lee travaillait au CERN (Organisation européenne pour la recherche nucléaire) en tant que consultant en informatique.

À cette époque, les chercheurs du CERN utilisaient des ordinateurs de différentes marques et systèmes, ce qui rendait la collaboration et le partage d'informations complexes. Berners-Lee a ressenti la nécessité de créer un système qui faciliterait la communication entre les chercheurs, peu importe le type d'ordinateur qu'ils utilisaient.

La première étincelle d'idée pour le World Wide Web a germé dans l'esprit de Berners-Lee en 1989. Alors qu'il cherchait une solution à ce problème d'interopérabilité, il a esquissé une proposition pour un système de gestion d'informations basé sur des hypertextes. Cette proposition, intitulée "Information Management: A Proposal," a posé les bases du World Wide Web.

La vision de Berners-Lee était ambitieuse : créer une toile d'informations connectées, permettant aux gens de partager et d'accéder aux connaissances de manière facile et transparente. En 1990, il développa le premier serveur Web au CERN, appelé "info.cern.ch," et le premier navigateur Web, baptisé "WorldWideWeb." Ces deux éléments constituaient les fondements du World Wide Web tel que nous le connaissons aujourd'hui.

L'anecdote inspirante réside dans la persévérance et la vision de Berners-Lee pour concrétiser son idée révolutionnaire. À cette époque, l'idée d'une plateforme mondiale d'information accessible à tous était novatrice et, pour beaucoup, difficile à conceptualiser.

Berners-Lee a non seulement imaginé cette possibilité, mais il a également travaillé sans relâche pour la concrétiser.

L'année 1993 a marqué un tournant majeur. Berners-Lee a rendu le World Wide Web accessible au public gratuitement, renonçant délibérément à tout droit d'auteur sur son invention. Cette décision désintéressée a jeté les bases d'une croissance exponentielle du Web, ouvrant la voie à une ère nouvelle d'échanges d'informations, de commerce électronique, d'éducation en ligne et de communication mondiale.Son choix de ne pas tirer profit financièrement de son invention démontre sa conviction profonde que le World Wide Web devait être un bien commun mondial, accessible à tous.

Berners-Lee a également joué un rôle clé dans la création des premiers standards du Web, tels que les protocoles HTTP (Hypertext Transfer Protocol) et HTML (Hypertext Markup Language), qui sont toujours au cœur du fonctionnement du Web aujourd'hui.

Au-delà de la technique, Berners-Lee a cherché à promouvoir une vision du Web comme un espace ouvert et inclusif. Il a plaidé pour la neutralité du Net, la protection de la vie privée en ligne et la prévention de la fragmentation du Web. Son engagement envers ces principes reflète son souhait profond de voir le Web demeurer un outil puissant pour le progrès, la compréhension mutuelle et l'accès équitable à l'information.

Tim Berners-Lee a continué à œuvrer pour un Web ouvert et décentralisé. En 2009, il a fondé la World Wide Web Foundation, une organisation qui œuvre pour un Web accessible et équitable dans le monde entier. En 2016, il a lancé l'initiative "Solid" visant à redonner le contrôle aux utilisateurs sur leurs données personnelles en leur permettant de stocker leurs informations de manière décentralisée.

Son histoire est une source inépuisable d'inspiration pour les innovateurs, les entrepreneurs et les défenseurs de la liberté en ligne. Elle démontre que même les idées les plus révolutionnaires peuvent devenir réalité avec de la persévérance, de la détermination et une vision claire.

L'héritage de Tim Berners-Lee est ancré dans la façon dont le World Wide Web a transformé notre monde, en connectant des millions de personnes et en ouvrant de nouvelles opportunités pour l'apprentissage, la communication et la collaboration à l'échelle mondiale.

Chapitre 13
Michael Jordan : La Légende de l'Air Jordan

Michael Jordan, le nom évoque instantanément des images de victoire, de compétitivité féroce et de succès inégalé sur le terrain de basketball. Mais derrière le mythe de l'Air Jordan se cache une histoire captivante d'adversité surmontée, de détermination sans faille et d'une quête incessante de l'excellence.

L'anecdote qui cristallise l'esprit et la persévérance de Michael Jordan se situe au début de sa carrière, lorsqu'il était encore un jeune joueur de basket-ball à l'Université de Caroline du Nord.

C'était en 1982, lors du championnat universitaire de la NCAA. Les Tar Heels de la Caroline du Nord, avec Jordan dans leurs rangs, atteignirent la finale nationale face à l'équipe de Georgetown. C'était le moment où un jeune Michael Jordan commençait à attirer l'attention du monde du sport.

La finale de 1982 était serrée, avec les deux équipes se disputant chaque possession de manière acharnée. À seulement 15 secondes de la fin du match, le score était à égalité. C'est à ce moment précis que Michael Jordan a pris l'initiative. Il a reçu la balle, a dribblé jusqu'à la ligne de tir et, dans un moment de grâce, a effectué un tir décisif qui a donné à son équipe l'avantage. La Caroline du Nord a remporté le championnat, et Michael Jordan a été porté aux nues.

Cet instant magique, ce tir décisif, a été le point de départ de la légende. Cependant, derrière ce moment de gloire se cache une réalité moins connue. Peu de gens se rappellent que Jordan a été coupé de son équipe de basket-ball junior au lycée. Son entraîneur a estimé qu'il n'avait pas le niveau nécessaire pour faire partie de l'équipe. Ce rejet a profondément marqué Jordan, mais au lieu de l'abattre, cela a allumé en lui une flamme de détermination.

Il a travaillé sans relâche pour améliorer ses compétences. Jordan a consacré des heures innombrables à la salle de sport, affinant son tir, perfectionnant sa technique et renforçant son corps. Il a transformé le rejet initial en une motivation brûlante pour prouver à tous ceux qui doutaient de lui qu'ils avaient tort. C'est cet esprit indomptable qui a caractérisé toute la carrière de Michael Jordan.

En entrant dans la NBA en 1984 avec les Chicago Bulls, Jordan a rapidement fait sensation. Son talent était indéniable, mais c'était son éthique de travail acharnée et son refus de se contenter du statu quo qui ont vraiment fait la différence. Il ne se contentait pas d'être bon, il visait l'excellence à chaque instant. Son approche de chaque entraînement, de chaque match, était synonyme d'engagement total et d'effort maximal.

Cependant, le chemin du succès n'était pas sans embûches. Les Bulls ont fait face à des défaites déchirantes en séries éliminatoires année après année, caractère de Jordan. Il n'était pas du genre à s'apitoyer sur lui-même. Au contraire, il a intensifié son entraînement, identifiant ses propres faiblesses et travaillant dur pour les transformer en forces.

La saison 1990-1991 a marqué un tournant décisif. Les Bulls, avec Jordan en tête, ont finalement surmonté les Pistons pour remporter le championnat de la NBA. C'était la première des six victoires de Jordan aux finales de la NBA, et cela a marqué le début d'une ère de domination sans précédent dans le monde du basketball. Jordan était au sommet de son art, et il a continué à repousser les limites du possible.

Ce qui distingue Michael Jordan, c'est sa capacité à transcender les statistiques et les trophées. Il incarne l'idée que la réussite ne se mesure pas seulement en termes de victoires sur le terrain, mais aussi en termes de résilience face à l'adversité, de détermination à s'améliorer constamment et d'influence positive sur les autres.

En dehors du terrain, Michael Jordan est également devenu un entrepreneur accompli. Il a lancé la ligne de baskets emblématique "Air Jordan", qui est devenue un phénomène mondial. Ce n'était pas seulement une réussite financière, mais aussi une extension de son héritage en tant que source d'inspiration pour les générations futures.

L'anecdote de Michael Jordan, du rejet initial à la gloire incommensurable, est un récit puissant de résilience et de détermination.

Elle enseigne que le succès n'est pas garanti dès le départ, mais qu'il peut être forgé par la volonté, le travail acharné et la capacité à surmonter les échecs.

La légende de l'Air Jordan dépasse le simple contexte du basketball pour devenir une source d'inspiration universelle pour tous ceux qui aspirent à atteindre des sommets extraordinaires dans leur vie.

Chapitre 14
<u>Maya Angelou : Du silence à la poesie</u>

Maya Angelou, une voix puissante dans la littérature américaine, a laissé une empreinte indélébile avec son talent littéraire, son engagement politique et son message d'espoir. Une anecdote inspirante de sa vie remonte à son enfance difficile et à la découverte de sa propre force intérieure.

Maya Angelou, née Marguerite Annie Johnson en 1928 à Saint-Louis, Missouri, a traversé une enfance marquée par l'adversité. À l'âge de sept ans, après le divorce de ses parents, elle et son frère ont été envoyés vivre avec leur grand-mère paternelle en Arkansas.

C'est là, dans la petite ville de Stamps, que Maya a fait l'expérience d'une profonde injustice raciale qui allait forger son caractère et influencer son œuvre future.

À Stamps, Maya a rencontré une femme extraordinaire, Mme Bertha Flowers, qui allait jouer un rôle essentiel dans sa vie. Mme Flowers, une femme noire cultivée et raffinée, a pris Maya sous son aile après que la jeune fille ait été muette pendant plusieurs années.

À la suite d'un traumatisme lié à un abus sexuel, Maya s'était repliée sur elle-même et avait choisi de ne plus parler. Mme Flowers a reconnu la profonde douleur de l'enfant et a décidé de l'aider à retrouver sa voix.

Elle a commencé par offrir à Maya une vaste sélection de livres et a encouragé la jeune fille à lire et à absorber la richesse des mots. Chaque jour, Mme Flowers invitait Maya à sa maison pour discuter de littérature, partager des idées et échanger des points de vue. Ce rituel a duré plusieurs mois, et Mme Flowers a utilisé la puissance des mots pour restaurer la confiance de Maya et réveiller en elle le désir de s'exprimer à nouveau.

L'un des moments clés de cette période a été lorsque Mme Flowers a demandé à Maya de réciter un poème de James Weldon Johnson. La jeune fille, timide et incertaine, a commencé à réciter les mots avec hésitation. Au fur et à mesure qu'elle avançait dans le poème, elle sentait sa voix gagner en force, sa timidité se dissipant lentement. Mme Flowers écoutait avec attention, consciente du pouvoir libérateur de l'expression.

Ce moment symbolique a été le début d'une transformation profonde pour Maya Angelou. Elle a commencé à écrire de la poésie et à découvrir la catharsis de l'écriture. Les mots sont devenus ses alliés, son refuge, et elle a appris à transcender la douleur à travers l'expression artistique. Le silence qui avait enveloppé son monde s'était dissipé, laissant place à une voix forte et résiliente.

Maya Angelou a souvent souligné l'impact de Mme Flowers sur sa vie. Elle a déclaré que cette femme exceptionnelle lui avait enseigné bien plus que la littérature.

Mme Flowers lui a appris à trouver sa voix, à réclamer sa place dans le monde et à utiliser les mots comme un moyen de transcender les douleurs et les injustices.

Ce moment fondateur avec Mme Flowers a également semé les graines de la carrière littéraire de Maya Angelou. Sa première autobiographie, "Je sais pourquoi chante l'oiseau en cage" (I Know Why the Caged Bird Sings), publiée en 1969, a été acclamée pour son honnêteté brutale et sa puissance émotionnelle. Cette œuvre a ouvert la voie à une série d'écrits autobiographiques qui ont captivé le monde avec leur exploration profonde de la condition humaine, de la résilience et de la force intérieure.

Maya Angelou est devenue une icône littéraire et culturelle, mais elle n'a jamais oublié les leçons fondamentales enseignées par Mme Flowers dans les rues poussiéreuses de Stamps, Arkansas. Cette expérience a alimenté son engagement envers la lutte pour les droits civiques et a façonné sa vision de l'importance de la parole pour combattre l'oppression.

L'anecdote de la rencontre de Maya Angelou avec Mme Flowers offre une fenêtre sur la puissance transformante de l'éducation, du mentorat et de la littérature. Elle rappelle aux lecteurs que même au milieu des circonstances les plus difficiles, la force intérieure et la créativité peuvent émerger, guidant le chemin vers la guérison et l'accomplissement.

C'est une histoire qui transcende les pages de livres pour devenir une leçon de vie universelle. Maya Angelou a trouvé sa voix, et en racontant son histoire, elle a également inspiré d'innombrables autres à faire de même.

Chapitre 15
Kofi Annan : Maestro de la Diplomatie

Kofi Annan, un homme d'État ghanéen, a marqué l'histoire en tant que septième secrétaire général des Nations unies. Son parcours inspirant est ponctué de moments cruciaux où sa diplomatie et sa vision ont eu un impact significatif sur la scène mondiale.

Parmi ces moments, l'anecdote suivante se déroule lors de son mandat en tant que secrétaire général, soulignant sa perspicacité et sa détermination à promouvoir la paix et les droits de l'homme.

Au début des années 2000, le monde était témoin d'une crise humanitaire dévastatrice au Darfour, une région du Soudan. Un conflit brutal entre les forces gouvernementales et les groupes rebelles avait conduit à des violences généralisées, des déplacements massifs de population et des atrocités indescriptibles. La communauté internationale était confrontée à une situation complexe et Kofi Annan, en tant que secrétaire général, se retrouvait au centre des efforts pour résoudre cette crise.

Dès le début, Annan a reconnu l'ampleur de la tragédie au Darfour et a compris qu'une réponse internationale coordonnée était nécessaire. Cependant, il se heurtait à des défis diplomatiques majeurs, notamment l'opposition du gouvernement soudanais à toute intervention extérieure.

Annan savait que pour faire avancer les choses, il devait naviguer avec finesse entre les différentes parties prenantes, mobiliser un soutien international et maintenir la pression pour protéger les civils innocents.

L'une des actions les plus mémorables d'Annan à cette époque a été son appel audacieux en faveur d'une commission d'enquête indépendante sur les violations des droits de l'homme au Darfour.

C'était une initiative sans précédent, car elle remettait en question les agissements du gouvernement soudanais et appelait à rendre des comptes pour les atrocités commises dans la région.

Cette proposition n'était pas simplement une mesure diplomatique, mais une déclaration puissante affirmant que le monde ne resterait pas silencieux face à de telles souffrances.

Cependant, l'obtention du soutien nécessaire pour cette commission d'enquête n'était pas une tâche facile. Annan a dû mobiliser le Conseil de sécurité des Nations unies et surmonter les réticences de certains membres, qui craignaient que cela ne conduise à des confrontations diplomatiques et à des tensions accrues. Son approche était celle de la diplomatie subtile et de la persuasion persévérante.

Finalement, en 2004, le Conseil de sécurité a adopté la résolution 1564, établissant ainsi la Commission d'enquête sur le Darfour. C'était une victoire diplomatique majeure, mais Annan comprenait que cela n'était qu'une première étape vers une solution plus large. Il a continué à travailler en coulisses pour renforcer le soutien international et encourager des efforts diplomatiques visant à résoudre le conflit.

La Commission d'enquête a publié des rapports accablants, documentant des violations massives des droits de l'homme et recommandant des mesures pour tenir les responsables pour leurs actions. Les résultats ont mis en lumière la situation au Darfour et ont contribué à sensibiliser le monde à la nécessité d'une action urgente.

Kofi Annan a ensuite plaidé en faveur du déploiement d'une force de maintien de la paix des Nations unies au Darfour pour protéger les civils, une initiative qui a rencontré de nombreux obstacles politiques mais qui a néanmoins jeté les bases pour une intervention internationale plus importante.

L'anecdote du leadership de Kofi Annan au Darfour illustre sa capacité à prendre des décisions difficiles dans des circonstances complexes. Il n'a pas hésité à affronter les puissances en place et à plaider en faveur de mesures audacieuses pour mettre fin à la souffrance humaine.

Sa détermination a eu des conséquences durables, montrant comment la diplomatie, lorsqu'elle est menée avec sagesse et fermeté, peut être une force puissante pour le bien dans le monde.

Cette histoire du Darfour révèle également la vision globale d'Annan en matière de droits de l'homme et de responsabilité internationale. Son plaidoyer en faveur de la commission d'enquête était ancré dans une conviction profonde que le monde avait la responsabilité de protéger les populations vulnérables confrontées à des violations massives des droits de l'homme.

Kofi Annan, avec son charisme et sa sagesse, a montré au monde que la paix et les droits de l'homme ne sont pas des idéaux lointains, mais des engagements concrets qui nécessitent parfois des actions audacieuses. Son leadership au Darfour reste une leçon d'inspiration, rappelant que même dans les moments les plus sombres, la volonté politique peut être une force transformative pour un avenir meilleur.

Chapitre 16
Steve Jobs : iConquête

Steve Jobs, co-fondateur emblématique d'Apple Inc., est une figure légendaire de l'industrie technologique. Son parcours fascinant est parsemé d'anecdotes inspirantes, mais l'une des plus marquantes est celle de son retour triomphal chez Apple dans les années 1990.

À la fin des années 1980, Apple traversait une période difficile. Jobs, qui avait été évincé de la société qu'il avait contribué à fonder, était en quête de nouvelles aventures.

Entre-temps, Apple se débattait avec des problèmes internes et une concurrence de plus en plus féroce. En 1996, la société était au bord de la faillite.

C'est dans ce contexte critique que Steve Jobs revint au bercail. La société qu'il avait aidé à créer était au plus bas, mais sa vision et sa passion étaient plus fortes que jamais. En 1997, Apple annonça l'acquisition de NeXT, la société de Jobs, et ce dernier réintégra la société qu'il avait cofondée.

Au moment de son retour, Jobs ne se contenta pas de reprendre les rênes d'Apple ; il apporta avec lui une vision révolutionnaire qui allait transformer l'entreprise de l'intérieur. L'un des premiers actes marquants de Jobs fut de prendre des mesures radicales pour remettre Apple sur les rails du succès.

Il commença par simplifier la gamme de produits d'Apple, éliminant de nombreux modèles qui avaient fragmenté l'offre de la société. Il concentra les efforts sur quelques produits clés, dont l'emblématique ligne d'ordinateurs Macintosh.

Cette décision, bien que controversée à l'époque, s'est avérée être une stratégie maîtresse pour recentrer la marque sur l'innovation et la qualité. Cependant, l'un des moments les plus mémorables et inspirants de cette période fut le lancement de l'iMac en 1998. À l'époque, l'industrie informatique était dominée par des ordinateurs beige et monotones.

Jobs, cependant, avait une vision audacieuse et révolutionnaire pour l'iMac. Il voulait créer un ordinateur qui ne ressemblerait à aucun autre sur le marché, alliant design avant-gardiste et performance exceptionnelle.

Lors de la présentation de l'iMac lors d'un événement de lancement, Jobs ne se contenta pas de dévoiler un nouvel ordinateur. Il introduisit un concept révolutionnaire : la fusion du design et de la technologie.

L'iMac se distinguait par son boîtier translucide, ses couleurs vibrantes et son design épuré. C'était un véritable objet d'art, un mariage harmonieux entre l'esthétique et la fonctionnalité.

Lors de son discours de lancement, Jobs déclara : "C'est le meilleur ordinateur que nous ayons jamais fait." Il ne s'agissait pas seulement d'une déclaration marketing, mais d'une conviction profonde dans la qualité et l'innovation de son produit. Cette confiance était contagieuse, et l'iMac devint rapidement un succès retentissant.

L'impact de l'iMac ne se mesurait pas seulement en termes de ventes. Il symbolisait le retour triomphal d'Apple sur le devant de la scène technologique. Jobs avait réussi là où beaucoup avaient douté, transformant une entreprise moribonde en un chef de file de l'industrie.

Cette anecdote souligne plusieurs aspects clés de la personnalité et de la vision de Steve Jobs. Tout d'abord, sa capacité à innover et à voir au-delà des normes établies. L'iMac n'était pas simplement un ordinateur ; c'était une déclaration audacieuse sur la créativité et la différenciation. Jobs était prêt à défier les conventions et à risquer l'échec pour poursuivre sa vision.

Deuxièmement, son engagement envers la qualité et le design. Pour Jobs, chaque détail comptait. De la couleur du boîtier à la facilité d'utilisation du système, tout devait être soigneusement pensé.

Cette obsession pour la qualité est devenue une caractéristique distinctive des produits Apple et a contribué à établir une fidélité sans précédent des consommateurs envers la marque.

Troisièmement, la passion inextinguible de Jobs pour son travail. Son retour chez Apple ne visait pas simplement à redresser une entreprise en difficulté, mais à la transformer en une force motrice de l'innovation. Il croyait profondément que la technologie pouvait être non seulement fonctionnelle mais aussi esthétiquement plaisante, et il était déterminé à concrétiser cette conviction.

L'histoire de l'iMac sous la direction de Steve Jobs est une illustration captivante de la façon dont la créativité, la conviction et le courage peuvent transformer une entreprise en déclin en un géant de l'industrie.

Cet épisode, parmi tant d'autres dans la carrière de Jobs, continue d'inspirer les entrepreneurs, les innovateurs et tous ceux qui aspirent à créer quelque chose de véritablement remarquable. La leçon est claire : osez rêver grand, restez fidèle à votre vision, et la réussite suivra.

Chapitre 17
Mae Jemison : De l'Orbite aux Étoiles

Mae Jemison, une femme extraordinaire aux réalisations exceptionnelles, a marqué l'histoire en devenant la première femme afro-américaine à voyager dans l'espace.

Son parcours est un mélange captivant de détermination, de passion pour la science et d'une volonté inébranlable de repousser les limites.

Née le 17 octobre 1956 à Decatur, Alabama, Jemison a grandi dans une famille qui a toujours encouragé son intérêt pour la science. Ses parents ont été des figures influentes dans son éducation, l'encourageant à poursuivre ses rêves sans se laisser entraver par des obstacles potentiels.

La jeune Mae a été inspirée par les accomplissements de Martin Luther King Jr. et par les avancées de la NASA dans la conquête spatiale. Ces influences ont semé les graines d'une ambition audacieuse qui la guiderait plus tard vers les étoiles.

Après avoir obtenu son diplôme de l'école secondaire Morgan Park à Chicago, Jemison s'est dirigée vers Stanford, où elle a obtenu un diplôme en génie chimique en 1977. Cependant, ses aspirations ne se limitaient pas à la Terre.

Elle avait des étoiles dans les yeux et des rêves orbitaux.

Après avoir complété ses études à Stanford, Jemison a poursuivi un diplôme de médecine à l'Université Cornell, s'éloignant ainsi du chemin traditionnel des astronautes, généralement tracé par des pilotes d'essai militaires.

L'anecdote qui met en lumière la détermination de Mae Jemison à atteindre les étoiles commence à prendre forme lorsqu'elle décide de postuler pour le programme des astronautes de la NASA en 1985. La NASA avait ouvert ses portes aux femmes et aux minorités, mais la concurrence était féroce. Malgré cela, Jemison a franchi les obstacles avec confiance et a été sélectionnée parmi plus de 2 000 candidats.

Le 28 septembre 1989, l'annonce officielle a été faite, faisant de Mae Jemison la première femme afro-américaine à être admise dans le corps des astronautes de la NASA. Sa déclaration à ce moment résume son attitude envers la vie et ses défis : "Il est important d'entrer dans un projet avec une certaine dose de naïveté. C'est ainsi que vous créez de nouvelles idées, en bousculant les choses."

Le moment culminant de son parcours spatial est survenu le 12 septembre 1992, lorsqu'elle a pris place à bord de la navette spatiale Endeavour pour la mission STS-47. Son entrée dans l'histoire comme la première femme afro-américaine dans l'espace a été un moment empreint de symbolisme et de triomphe. Pendant les huit jours de la mission, Jemison a mené des expériences médicales, a testé l'impact de la microgravité sur le corps humain et a contribué à la compréhension scientifique de l'espace.

L'anecdote sur la mission STS-47 ne réside pas seulement dans les réalisations scientifiques de Jemison, mais aussi dans son héritage en tant que pionnière. Son vol spatial a été l'aboutissement d'une vie dédiée à la poursuite de l'excellence et à la démolition des barrières.

Elle a non seulement transcendé les limites de l'atmosphère terrestre mais a également ouvert la voie à de nombreuses autres femmes et personnes de couleur pour poursuivre des carrières dans les sciences spatiales.

Mae Jemison a incarné la puissance de la persévérance et de la passion. Son histoire inspire des générations à croire en leurs rêves, peu importe à quel point ils peuvent sembler audacieux ou insurmontables. Elle n'a pas seulement brisé le plafond de verre ; elle l'a pulvérisé en mille éclats lumineux pour montrer que chaque individu a le potentiel de réaliser l'impossible.

Après sa carrière à la NASA, Mae Jemison a continué à exercer son influence dans le monde scientifique et éducatif. Elle a fondé la Jemison Group, une entreprise axée sur les technologies avancées, et elle a consacré une partie significative de son temps à l'éducation des jeunes sur les sciences et la technologie.

Son engagement envers la prochaine génération de scientifiques témoigne de sa conviction profonde que l'éducation et l'exploration sont des outils puissants pour transformer le monde.

En conclusion, l'anecdote inspirante sur Mae Jemison va bien au-delà de son voyage dans l'espace. Elle réside dans son courage de poursuivre ses rêves, malgré les obstacles culturels et professionnels, et dans sa capacité à inspirer les autres à atteindre des hauteurs apparemment inatteignables.

Mae Jemison est bien plus qu'une astronaute ; elle est une icône qui incarne la puissance de la détermination, du savoir et du désir de repousser les frontières. on histoire continue d'illuminer le ciel comme une étoile brillante dans le firmament de l'histoire humaine.

Chapitre 18
<u>Frederick Douglass : De l'Esclavage à l'Éloquence</u>

Frederick Douglass, une figure emblématique du 19e siècle, a été un esclave affranchi qui s'est transformé en un orateur, écrivain et abolitionniste influent. Son histoire extraordinaire témoigne de la résilience humaine face à l'adversité, et son parcours inspire encore aujourd'hui.

Né esclave en 1818 dans le Maryland, Douglass a vécu les atrocités de l'esclavage dès son plus jeune âge. Séparé de sa mère à un âge précoce, il a grandi dans des conditions inhumaines, subissant les brutalités physiques et émotionnelles inhérentes au système esclavagiste.

Pourtant, au milieu de ces circonstances oppressantes, Douglass a nourri secrètement l'étincelle de la connaissance et du désir de liberté.

Son premier acte de défiance contre le statu quo a eu lieu lorsqu'il a appris à lire et à écrire, malgré les lois esclavagistes strictes qui interdisaient l'éducation des esclaves. Cette quête de connaissances était son premier pas vers l'autonomie intellectuelle et la liberté de la pensée.

Douglass se souvient plus tard dans ses mémoires que "l'éducation était la clé de sa libération".

À l'âge de 20 ans, Douglass a été envoyé à Baltimore pour travailler chez un homme nommé Hugh Auld. C'est là qu'il a eu l'opportunité d'accéder à des livres et de poursuivre son apprentissage.

Cependant, cette nouvelle quête du savoir a provoqué la colère d'Auld, qui a rapidement compris que l'éducation d'un esclave pourrait mener à son émancipation mentale et physique.

Malgré les conséquences potentielles, Douglass a continué à apprendre en secret, souvent en échangeant du pain avec des enfants blancs contre des leçons de lecture.

Sa soif inextinguible de liberté l'a finalement conduit à une évasion audacieuse en 1838. Se faisant passer pour un marin noir libre, Douglass a réussi à monter à bord d'un train en direction du Nord, laissant derrière lui les chaînes de l'esclavage. Sa liberté nouvellement acquise a marqué le début de sa vie en tant qu'homme libre, mais Douglass n'a pas choisi de s'éloigner silencieusement de son passé.

Au lieu de cela, il a décidé de partager son histoire, de devenir la voix de ceux qui n'avaient pas la possibilité de s'exprimer.

La première fois qu'il a pris la parole en public, c'était à Nantucket en 1841, lors d'une réunion de la Société antiesclavagiste. Son discours a captivé l'auditoire, et c'est à ce moment-là que Douglass a découvert son don exceptionnel pour l'éloquence.

Son témoignage vibrant et son appel à l'émancipation ont suscité une attention considérable, le plaçant rapidement au centre du mouvement abolitionniste.

Douglass a commencé à écrire ses mémoires, publiant sa première autobiographie, "Narrative of the Life of Frederick Douglass, an American Slave", en 1845. Ce récit a choqué les lecteurs avec sa description brutale de l'esclavage et a confirmé Douglass comme une force puissante contre cette institution déshumanisante.

Malgré ses succès en tant qu'abolitionniste, Douglass n'était pas à l'abri des défis et des dangers. Les propriétaires d'esclaves et les partisans de l'esclavage le considéraient comme une menace, et sa vie était constamment en danger. Pourtant, il n'a jamais reculé devant l'adversité, continuant à voyager à travers les États-Unis et l'étranger pour partager son message antiesclavagiste.

L'une des anecdotes les plus mémorables de la vie de Douglass est liée à son célèbre discours "Quatrième de juillet" prononcé en 1852. Invité à parler lors d'une célébration de l'indépendance américaine,

Douglass a choisi de confronter le public à la contradiction flagrante entre les idéaux de liberté professés par la nation et la réalité de l'esclavage.

Son discours percutant soulignait l'hypocrisie de célébrer la liberté tout en maintenant l'esclavage. Douglass a déclaré : "Qu'est-ce que le 4 juillet pour l'esclave ?"

Il a rappelé à l'auditoire que tant que l'injustice persistait, la célébration de la liberté était vide de sens pour ceux qui étaient privés de cette liberté fondamentale.

En plus de ses discours puissants, Douglass a également plaidé en faveur du droit de vote des femmes, une position qui a parfois suscité des controverses, même parmi ses alliés. Son engagement envers l'égalité ne se limitait pas à la seule question de la race, mais s'étendait à la lutte pour les droits civiques et l'égalité des sexes.

La guerre civile américaine a marqué une autre étape cruciale dans la vie de Douglass. Il a agi en tant que recruteur pour les troupes noires de l'Union, encourageant les Afro-Américains à s'enrôler et à se battre pour leur liberté.

Après la guerre, il a continué à plaider en faveur des droits civils et a participé à l'élaboration du 14e amendement à la Constitution des États-Unis, qui garantissait l'égalité devant la loi pour tous les citoyens.

Frederick Douglass a continué à être un défenseur infatigable de la justice et de l'égalité jusqu'à sa mort en 1895. Son héritage perdure, non seulement en tant qu'abolitionniste mais aussi en tant que symbole intemporel de la capacité de l'individu à surmonter les pires adversités et à se transformer en un agent du changement. Son parcours de l'esclavage à la renommée mondiale est une source inépuisable d'inspiration, démontrant que la volonté de défier l'injustice peut forger des destins extraordinaires.

Chapitre 19
Marie Curie : Une Lueur Radioactive

Marie Curie, née Maria Skłodowska en Pologne en 1867, est l'une des figures scientifiques les plus éminentes de l'histoire. Son parcours extraordinaire, jalonné de déterminations indomptables et d'exploits scientifiques révolutionnaires, témoigne de sa brillance et de sa résilience face aux défis inouïs de son époque.

Lorsqu'elle était jeune, la Pologne était sous le joug de l'occupation russe, ce qui rendait l'accès à l'éducation pour les femmes particulièrement difficile.

Malgré ces circonstances défavorables, Marie montra une passion précoce pour la science, et avec le soutien de sa famille, elle partit pour Paris en 1891 afin de poursuivre des études à la Sorbonne, l'un des rares endroits où les femmes étaient acceptées.

Marie Skłodowska devint Marie Curie après son mariage avec le physicien français Pierre Curie en 1895. Ensemble, ils entreprirent des recherches pionnières sur les propriétés des radiations, un domaine alors peu exploré.

Le couple Curie travaillait dans des conditions rudimentaires, isolant des échantillons de pechblende (minerai d'uranium) dans un hangar de la Sorbonne transformé en laboratoire.

L'anecdote inspirante qui se dégage de cette période cruciale de la vie de Marie Curie concerne la découverte du polonium et du radium, deux éléments qui allaient révolutionner la compréhension de la physique et ouvrir de nouvelles perspectives sur la radioactivité.

En 1898, les Curie réussirent à extraire le polonium, qu'ils nommèrent en hommage à la Pologne natale de Marie, et le radium, en raison de la puissance intense de ses radiations. Cette découverte était d'une importance capitale pour la science, mais elle s'accompagnait de nombreux défis et dangers.

Les Curies travaillaient avec des substances radioactives sans équipement de protection moderne, exposant leur santé à des risques considérables.

Lorsque l'Académie suédoise décerna le prix Nobel de physique en 1903 à Marie Curie, Pierre Curie et Henri Becquerel (pour leurs travaux sur la radioactivité), elle devint la première femme à remporter un prix Nobel. Cette reconnaissance internationale marqua un tournant, mais les défis persistaient.

En 1906, Pierre Curie tragiquement décéda dans un accident de la circulation, laissant Marie seule avec leurs deux filles. Face à cette épreuve dévastatrice, au lieu de se retirer, Marie Curie redoubla d'efforts. Elle prit la place de son mari à la Sorbonne, devenant ainsi la première femme professeure à la prestigieuse institution.

Malgré les obstacles persistants et les critiques sexistes auxquelles elle était confrontée, Marie Curie poursuivit ses recherches et remporta un deuxième prix Nobel, cette fois en chimie, en 1911, pour ses travaux sur le radium et le polonium, devenant la seule personne à avoir été honorée dans deux domaines scientifiques distincts.

L'anecdote révélatrice de la persévérance de Marie Curie réside dans sa détermination à poursuivre la recherche en dépit des pressions sociales et des revers personnels.

Sa découverte des éléments radioactifs a jeté les bases de la physique moderne et a eu des implications majeures dans des domaines tels que la médecine (avec l'utilisation de la radiothérapie) et la technologie nucléaire.

En plus de son héritage scientifique, Marie Curie est un symbole de la force intérieure face à l'adversité. Son travail a pavé la voie à une génération de femmes scientifiques, ouvrant la voie à une reconnaissance élargie du rôle des femmes dans la recherche scientifique.

Marie Curie est décédée en 1934 des suites d'une exposition prolongée aux radiations, une ironie tragique pour une scientifique qui a tant apporté à la compréhension de ce phénomène.

Son sacrifice personnel et sa dévotion à la science continuent d'inspirer les générations successives, témoignant du fait que le chemin vers la grandeur peut être pavé de défis insurmontables, mais que la passion, la persévérance et la détermination peuvent surmonter les obstacles les plus redoutables.

Chapitre 20
Nelson Mandela : L'Homme qui a Conquis l'Injustice avec Sourire

Nelson Mandela, une figure emblématique de la lutte pour la liberté et l'égalité en Afrique du Sud, a marqué l'histoire mondiale par son courage, sa résilience et son engagement en faveur de la justice. Une anecdote poignante de sa vie illustre la force extraordinaire de sa volonté et son aptitude à transformer l'adversité en une opportunité de réconciliation.

L'histoire se déroule pendant les années sombres de l'apartheid en Afrique du Sud. Nelson Mandela était alors un activiste anti-apartheid, luttant contre un régime qui légitimait la discrimination raciale et l'oppression systématique des Noirs.

En 1962, Mandela fut arrêté et condamné à la prison à perpétuité lors du célèbre procès de Rivonia. Pendant les 27 années suivantes, il a été incarcéré dans la tristement célèbre prison de Robben Island, aux côtés de nombreux autres militants politiques.

Cependant, l'anecdote en question ne commence pas dans les salles de la prison, mais des décennies plus tard, lors de la transition vers un nouvel ordre en Afrique du Sud.

En 1990, après des années de pression internationale et de mobilisation nationale, le président Frederik de Klerk a annoncé la libération de Nelson Mandela. Le pays était au bord de l'inconnu, et la possibilité d'une guerre civile menaçait de déchirer une nation déjà profondément divisée.

Au lieu de céder à la vengeance et à la rancune, Mandela a choisi la voie de la réconciliation. Il a engagé des négociations avec le gouvernement de Klerk pour mettre fin à l'apartheid et établir un gouvernement démocratique.

En 1993, les deux hommes ont été récompensés par le prix Nobel de la paix pour leur rôle dans la fin de l'apartheid.

L'anecdote centrale de cet épisode révélateur de la nature de Mandela se déroule lors des premières élections démocratiques de 1994, où Nelson Mandela est élu président de l'Afrique du Sud. Au lieu de chercher la revanche contre ceux qui l'avaient opprimé pendant des décennies, Mandela a pris une décision extraordinaire, symbolique et empreinte de sagesse.

Son geste a eu lieu lors de la cérémonie d'inauguration à Pretoria, où il a invité la veuve du Premier ministre assassiné Hendrik Verwoerd, considéré comme le père de l'apartheid, à être son invitée d'honneur.

Cette femme, Betsie Verwoerd, était la veuve de l'architecte du système que Mandela avait consacré sa vie à combattre.

Ce choix était audacieux et symbolique à plusieurs égards.

Tout d'abord, il montrait au monde entier que Mandela était prêt à transcender la haine et à embrasser ses anciens ennemis pour construire une nation unie. De plus, cela envoyait un message puissant à la population sud-africaine, l'encourageant à suivre l'exemple de la réconciliation plutôt que celui de la vengeance.

Lorsque Mandela a été interrogé sur cette décision, il a expliqué que la réconciliation était la clé pour unifier la nation déchirée. Il a déclaré : "Si vous voulez faire la paix avec votre ennemi, vous devez travailler avec votre ennemi.

Alors il devient votre partenaire." En invitant Betsie Verwoerd, il a incité les Sud-Africains à reconnaître leur humanité commune et à travailler ensemble pour construire une nation pacifique.

Le geste de Mandela était profondément symbolique, mais il était également pragmatique dans sa vision à long terme.

Il savait que la transition vers une démocratie stable exigerait le pardon et la compréhension mutuelle, plutôt que la vengeance et le ressentiment. Sa volonté de tendre la main à ceux qui l'avaient jadis opprimé a contribué à créer un sentiment de réconciliation dans le pays et à éviter un bain de sang qui aurait pu découler de décennies d'injustice.

Cette anecdote illustre la grandeur d'âme exceptionnelle de Nelson Mandela, sa capacité à transcender la douleur personnelle au nom d'un idéal plus élevé.

Cette anecdote illustre la grandeur d'âme exceptionnelle de Nelson Mandela, sa capacité à transcender la douleur personnelle au nom d'un idéal plus élevé. Mandela a su voir au-delà de son propre calvaire pour imaginer une nation réconciliée, où la justice et l'égalité remplaceraient la haine et la division.

L'histoire de Nelson Mandela est riche d'enseignements, mais cette anecdote en particulier offre une fenêtre sur son caractère exceptionnel et sur la manière dont il a guidé l'Afrique du Sud vers une ère nouvelle, en incarnant la puissance transformante de la réconciliation et de la résilience.

Chapitre 21
Mikhail Gorbachev: l'architecte de la pérestroïka

Mikhail Gorbachev est une figure emblématique du XXe siècle. Son histoire inspirante est étroitement liée à la transformation profonde qu'a connue l'Union soviétique et, par extension, le monde entier.

Une anecdote qui illustre sa détermination et son leadership exceptionnel se déroule dans les années 1980, au cours de son mandat en tant que Secrétaire général du Parti communiste de l'Union soviétique.

En 1985, Gorbachev est confronté à un pays en crise. L'Union soviétique est aux prises avec des problèmes économiques, politiques et sociaux massifs.

La stagnation économique, la corruption généralisée et l'absence de liberté d'expression ont créé un mécontentement croissant au sein de la population. Les relations internationales sont tendues, et la Guerre froide est à son apogée. Gorbachev hérite d'une situation difficile, mais au lieu de céder à l'inertie, il entreprend une série de réformes radicales visant à revitaliser l'URSS.

La pérestroïka, qui signifie "restructuration", était le premier pilier majeur de ses réformes. Gorbachev a compris que l'économie soviétique était enlisée dans une planification centralisée inefficace et obsolète.

Il a introduit des réformes visant à stimuler l'initiative individuelle, libérer le secteur privé, et moderniser l'économie. C'était une démarche audacieuse et risquée, car elle remettait en question les fondements du système communiste qui avait prévalu pendant des décennies.

Cependant, Gorbachev ne s'est pas arrêté là. Il a également lancé la glasnost, qui signifie "transparence" ou "ouverture". Cette réforme visait à accroître la transparence dans le gouvernement et à introduire des éléments de démocratie. La censure a été assouplie, permettant une plus grande liberté d'expression. Les élections ont été rendues plus compétitives, introduisant une dimension démocratique dans un système politique longtemps caractérisé par l'autoritarisme.

L'anecdote inspirante se situe au moment où Gorbachev, en dépit de la résistance de nombreux membres du Parti communiste et de la classe dirigeante soviétique, a persisté dans sa vision de transformation.

Il a été confronté à des critiques féroces et à une opposition interne considérable. Certains membres du Parti, attachés aux vieilles idéologies, le considéraient comme un traître à la cause communiste. Cependant, Gorbachev était animé par une conviction profonde que ces changements étaient nécessaires pour revitaliser l'Union soviétique et la préparer à l'avenir.

Une étape cruciale de cette période de changement a été la signature du traité de désarmement nucléaire avec les États-Unis en 1987,

Une étape cruciale de cette période de changement a été la signature du traité de désarmement nucléaire avec les États-Unis en 1987, connu sous le nom de Traité sur les forces nucléaires intermédiaires (FNI). Cette initiative a été applaudie dans le monde entier comme un pas majeur vers la réduction des tensions de la Guerre froide et a contribué à l'image de Gorbachev en tant que leader visionnaire.

Toutefois, le tournant décisif survient en 1990 lorsqu'il accepte la réunification de l'Allemagne. Cette décision historique, bien qu'elle ait été saluée sur la scène internationale, a suscité une opposition considérable au sein de son propre pays.

De nombreux conservateurs soviétiques considéraient cela comme un abandon des intérêts nationaux. Les critiques de Gorbachev estimaient qu'il avait sacrifié les positions stratégiques de l'URSS sans obtenir suffisamment en retour.

Lors de la signature du traité de réunification allemande, Gorbachev a fait preuve d'un leadership extraordinaire en naviguant avec adresse entre les intérêts internes et externes. Il a compris que la réunification allemande était inévitable et que la résistance ne ferait que prolonger l'agonie de l'Union soviétique. Sa capacité à prendre des décisions difficiles et à maintenir le cap malgré les critiques a été cruciale dans cette période de transition.

Malheureusement, la pérestroïka et la glasnost n'ont pas réussi à sauver l'Union soviétique de son effondrement ultérieur en 1991.

Cependant, l'héritage de Gorbachev perdure comme un exemple de leadership courageux et de détermination face à l'adversité.

Son choix de poursuivre des réformes radicales dans un contexte hostile a non seulement marqué l'histoire de l'URSS, mais a également eu des implications mondiales, contribuant à la fin de la Guerre froide et au remodelage du paysage politique mondial. L'anecdote de Gorbachev illustre la puissance de la vision, du courage et de la persévérance, même dans les moments les plus difficiles de l'histoire.

Chapitre 22
<u>Coco Chanel : Un Fil Conducteur Entre Élégance et Triomphe</u>

Gabrielle Bonheur Chanel, mieux connue sous le nom de Coco Chanel, est une figure emblématique de l'industrie de la mode du XXe siècle. Son parcours, marqué par la créativité, le courage et l'audace, a transformé le monde de la haute couture. L'une des anecdotes les plus inspirantes de la vie de Coco Chanel est celle de sa résilience face à l'adversité et de sa capacité à se réinventer.

Née en 1883 dans une famille modeste en France, Coco Chanel a connu une enfance difficile après la mort de sa mère. Placée dans un orphelinat, elle apprend le métier de couturière, une compétence qui deviendra la base de sa future carrière. Dès ses débuts, elle montre un talent inné pour la mode et la création, mais sa route vers le succès est semée d'embûches.

Coco Chanel fait ses premiers pas dans le monde de la mode en tant que chanteuse de cabaret, où elle reçoit son surnom "Coco". Cependant, son véritable tournant survient lorsqu'elle ouvre sa première boutique de chapeaux à Paris en 1910.

Ses créations innovantes attirent l'attention de l'élite de la société, lançant ainsi sa carrière de créatrice de mode.

Ses créations innovantes attirent l'attention de l'élite de la société, lançant ainsi sa carrière de créatrice de mode.

L'anecdote clé se situe dans les années 1920, une époque où la mode était dominée par des corsets et des robes contraignantes. Coco Chanel, avec son intuition exceptionnelle, pressent les changements sociaux à venir. Elle imagine une mode plus décontractée et fonctionnelle, rompant avec les normes de l'époque. Cependant, la vraie percée survient après la Première Guerre mondiale, lorsque les femmes revendiquent leur indépendance et cherchent un nouveau style de vie.

Coco Chanel introduit alors la petite robe noire en 1926. À une époque où les couleurs sombres étaient réservées au deuil, elle propose une robe élégante et polyvalente qui deviendra un classique intemporel. Cette création révolutionnaire incarne son approche visionnaire et son désir de libérer les femmes des contraintes vestimentaires de l'époque.

Mais la véritable épreuve pour Coco Chanel survient pendant la Seconde Guerre mondiale. En raison de ses relations avec un officier allemand, elle est contrainte de fermer sa boutique à Paris. Elle se retire alors dans la neutralité relative de la Suisse. Pour beaucoup, cette période pourrait marquer la fin d'une carrière. Cependant, Coco Chanel, avec son esprit indomptable, utilise cette période pour se réinventer.

En 1954, à l'âge de 71 ans, Coco Chanel fait un retour triomphant dans le monde de la mode. Elle réintroduit la Maison Chanel avec une nouvelle collection. L'anecdote remarquable ici est la façon dont elle retrouve son éclat créatif, défiant les attentes de ceux qui pensaient qu'elle était hors du jeu.

La mode de Chanel prend un nouvel élan, et elle continue de façonner l'industrie avec des créations révolutionnaires, notamment le tailleur en tweed et le sac à main matelassé emblématique.

Cette période de résilience et de renaissance est une leçon d'inspiration. Coco Chanel n'a pas permis aux épreuves de la vie de déterminer sa destinée. Au lieu de cela, elle a utilisé chaque défi comme une opportunité de se réinventer et de réaffirmer sa place dans le monde de la mode. Son histoire montre que la créativité, la persévérance et la capacité à anticiper les changements culturels sont des éléments essentiels du succès durable.

Coco Chanel est non seulement une créatrice de mode emblématique mais aussi une femme d'affaires visionnaire. Elle a construit un empire qui transcende son époque et qui continue de prospérer aujourd'hui.

Son histoire nous rappelle que la véritable inspiration réside souvent dans la capacité à surmonter les revers, à saisir les opportunités inattendues et à rester fidèle à sa vision créative, peu importe les circonstances. La vie de Coco Chanel est une invitation à oser, à innover et à créer sa propre voie, même lorsque le monde semble résister au changement.

Chapitre 23
<u>Sheryl Sandberg : L'Équilibre au Sommet</u>

Sheryl Sandberg, une figure de proue dans le monde de la technologie et du leadership, est célèbre pour son rôle en tant que COO de Facebook et pour son engagement en faveur de l'égalité des sexes dans le milieu professionnel. Son parcours est marqué par des défis, des triomphes et une résilience extraordinaire, et une anecdote révélatrice de sa force de caractère s'est déroulée au cours d'une période particulièrement difficile de sa vie.

L'histoire commence en 2015 lorsque Sheryl Sandberg traverse une épreuve personnelle dévastatrice.

Son mari, Dave Goldberg, décède soudainement lors d'un accident alors qu'ils étaient en vacances au Mexique. Cette tragédie a laissé Sheryl dans un état de choc et de deuil profond, confrontée à la réalité brutale de la perte.

Dans les semaines qui ont suivi le décès de Dave, Sheryl a commencé à expérimenter une profonde remise en question de sa propre vie. Elle s'est retrouvée à jongler entre le choc de la perte et les responsabilités de mère célibataire de deux jeunes enfants.

Le processus de deuil était intense, et Sheryl se demandait comment elle allait pouvoir reconstituer les morceaux de sa vie tout en conservant son rôle exigeant chez Facebook.

Au cœur de cette épreuve, Sheryl a choisi de partager son expérience de deuil de manière ouverte et honnête. Elle a écrit un post poignant sur Facebook, partageant ses émotions, sa douleur et les leçons qu'elle tirait de cette tragédie. Dans cette publication, elle a abordé des sujets difficiles tels que la culpabilité de la survie, la douleur de ne pas pouvoir voir son mari vieillir, et le défi de soutenir ses enfants dans ce moment difficile.

Ce post a été bien plus qu'une simple expression de chagrin personnel. Il a ouvert un dialogue sur le deuil et a permis à des milliers de personnes à travers le monde de se connecter avec Sheryl d'une manière profonde et authentique. Des personnes du monde entier ont partagé leurs propres expériences de perte et de deuil, créant une communauté virtuelle de soutien et de compréhension.

Au-delà du partage émotionnel, Sheryl a également abordé des questions cruciales liées à la façon dont la société perçoit le deuil sur le lieu de travail. Elle a remis en question les attentes souvent tacites qui entourent la manière dont les gens gèrent la perte et la douleur au sein de leur carrière. Son expérience a mis en lumière l'importance de la compassion et de la flexibilité dans le monde du travail, où les employés sont souvent confrontés à des défis personnels tout en maintenant leurs engagements professionnels.

Sheryl Sandberg a également mis en avant la nécessité d'une culture du travail plus compatissante et inclusive, encourageant les entreprises à reconnaître la diversité des expériences personnelles et à offrir un soutien adapté aux employés en deuil. Son leadership dans ce domaine a contribué à changer la conversation autour du deuil au travail, ouvrant la voie à des politiques plus compréhensives et empathiques dans de nombreuses organisations.

Cette période difficile a également façonné la perspective de Sheryl sur la résilience et la manière dont les gens peuvent surmonter des épreuves apparemment insurmontables. Elle a écrit le livre "Option B" en collaboration avec Adam Grant, dans lequel elle explore son parcours de deuil et partage des conseils pratiques sur la manière de rebondir face à l'adversité.

L'anecdote de Sheryl Sandberg après la perte de son mari est un exemple poignant de force intérieure, de vulnérabilité et de leadership inspirant. Elle a démontré que même au milieu de la douleur et du chagrin, il est possible de partager sa vérité, de créer des liens avec les autres et d'inspirer le changement.

Sheryl a transformé sa propre tragédie en une source d'inspiration pour beaucoup, montrant que la résilience et la compassion peuvent être des forces puissantes même dans les moments les plus sombres de la vie.

Chapitre 24
Muhammad Yunus : Un MicroCrédit de Génie

Muhammad Yunus, économiste bangladais et fondateur de la Grameen Bank, a une histoire inspirante qui reflète son engagement indéfectible envers l'autonomisation des plus démunis.

L'anecdote qui suit nous transporte dans les débuts de son parcours et dévoile comment une simple idée a pu changer la vie de millions de personnes à travers le monde.

L'histoire commence dans les années 70, dans le village de Jobra au Bangladesh, où Yunus enseignait l'économie à l'université de Chittagong. À l'époque, le Bangladesh était frappé par une famine dévastatrice, et le besoin urgent d'aide était évident. Yunus, cherchant à transformer ses connaissances académiques en action concrète, s'est rendu dans le village pour comprendre la situation de manière plus approfondie.

Alors qu'il marchait dans le village, il fit la rencontre de Sufiya Begum, une femme qui fabriquait des meubles de bambou. Elle expliqua à Yunus qu'elle empruntait de l'argent à des usuriers locaux pour acheter le bambou nécessaire à son activité. Ces prêteurs informels, souvent qualifiés de "shylocks", exigeaient des taux d'intérêt exorbitants, plongeant les emprunteurs dans un cycle de pauvreté sans fin.

C'est à ce moment que l'idée révolutionnaire de Yunus prit forme. Il réalisa que de petites sommes d'argent pouvaient faire une énorme différence dans la vie des pauvres, en leur permettant de devenir entrepreneurs et de sortir du piège de la dette. Yunus décida d'expérimenter cette idée en prêtant de l'argent sur ses propres fonds à un groupe de 42 femmes du village. Chacune reçut l'équivalent de 27 dollars pour investir dans leurs petites entreprises respectives.

Le prêt initial eut un impact remarquable. Les femmes investirent l'argent avec sagesse, certaines ouvrant des échoppes, d'autres achetant du bétail ou des équipements pour développer leurs activités. À la fin de la première année, toutes les sommes prêtées avaient été remboursées avec intérêt. L'expérience a démontré que ces femmes, considérées comme non solvables par les banques traditionnelles, étaient en réalité des entrepreneuses capables de rembourser leurs prêts.

Cette expérience a été le catalyseur de la création de la Grameen Bank en 1983. Le concept révolutionnaire du microcrédit consistait à octroyer de petits prêts sans garantie aux plus démunis, en particulier aux femmes. La banque a adopté un modèle basé sur la confiance mutuelle, où les emprunteurs formaient des groupes et se soutenaient mutuellement. Elle a défié le paradigme traditionnel de la banque, considérant les pauvres comme non bancables.

Le succès de la Grameen Bank s'est rapidement répandu, et des millions de personnes ont bénéficié de cette approche novatrice du microcrédit.

Les femmes, en particulier, ont été les principales bénéficiaires, utilisant les prêts pour démarrer des petites entreprises, améliorer leurs conditions de vie et éduquer leurs enfants. Yunus avait créé un modèle économique qui ne se contentait pas d'apporter une aide financière, mais qui favorisait également l'autonomisation et le développement communautaire.

Au fil des années, la Grameen Bank est devenue une institution renommée, inspirant la création de nombreuses institutions similaires à travers le monde. Yunus a été reconnu pour ses efforts en faveur du microcrédit et de l'entrepreneuriat social, remportant le prix Nobel de la paix en 2006.

Son engagement envers l'éradication de la pauvreté par le biais d'initiatives économiques novatrices a ouvert la voie à une nouvelle approche dans le domaine du développement.

L'anecdote de Muhammad Yunus illustre comment une simple idée, née de l'observation directe des défis auxquels étaient confrontés les plus démunis, a pu se transformer en un mouvement mondial pour lutter contre la pauvreté.

Sa détermination à défier les conventions bancaires et à croire en la capacité entrepreneuriale des plus pauvres a eu un impact transformateur, libérant des millions de personnes de la trappe de la pauvreté et stimulant des changements sociaux durables. C'est une histoire qui incarne la puissance de la vision, de l'empathie et de l'action positive pour générer des transformations significatives dans la société.

Chapitre 25
Wangari Maathai : Semer la Réussite, Cultiver le Changement

Wangari Maathai, lauréate du prix Nobel de la paix, militante environnementale et fondatrice du Mouvement de la ceinture verte au Kenya, a laissé un héritage indélébile grâce à son courage, sa détermination et sa passion pour l'environnement.

L'une des anecdotes les plus inspirantes de sa vie est liée à la création du Mouvement de la ceinture verte, une initiative qui a non seulement transformé le paysage environnemental du Kenya, mais a également ouvert la voie à un mouvement mondial de conservation.

L'histoire commence dans les années 1970, une époque où le Kenya, comme de nombreux autres pays africains, était confronté à des défis environnementaux graves, tels que la déforestation, la perte de biodiversité et la dégradation des terres. Wangari Maathai, alors professeure de biologie végétale à l'Université de Nairobi, a observé avec préoccupation la rapide destruction des forêts et des terres, ainsi que les conséquences néfastes sur la vie des communautés locales.

Sa préoccupation pour l'environnement s'est transformée en action concrète lorsqu'elle a constaté que de nombreux problèmes auxquels étaient confrontées les communautés, en particulier les femmes, étaient liés à la dégradation de l'environnement.

Les ressources naturelles s'épuisaient, les sols devenaient stériles, et l'accès à l'eau et au bois de chauffage devenait de plus en plus difficile. Wangari a compris que la préservation de l'environnement était étroitement liée à l'amélioration des conditions de vie des gens.

C'est ainsi qu'est née l'idée de la ceinture verte, un concept simple mais puissant. Wangari a proposé de mobiliser les femmes dans les communautés locales pour planter des arbres indigènes. Ces arbres, en plus de contribuer à la restauration de l'environnement, pourraient également fournir des ressources essentielles, telles que du bois de chauffage, du fourrage pour le bétail et des fruits, améliorant ainsi la sécurité alimentaire et les moyens de subsistance.

Le début de cette initiative n'a pas été sans défis. Wangari a dû surmonter des résistances politiques et culturelles. À l'époque, l'idée de la participation active des femmes dans des projets environnementaux était peu conventionnelle. De plus, la plantation d'arbres était souvent perçue comme une activité mineure, reléguée au second plan par rapport aux grandes initiatives de développement.

Malgré ces obstacles, Wangari a persisté. En 1977, elle a fondé le Mouvement de la ceinture verte, et avec un groupe initial de femmes, elles ont commencé à planter des arbres dans les environs de Nairobi. Les femmes, souvent marginalisées dans la société kenyane, ont trouvé dans cette initiative une voix, une opportunité de contribuer activement à la préservation de leur environnement et à l'amélioration de leurs conditions de vie.

La plantation d'arbres est devenue un acte symbolique de résistance et d'émancipation. Les femmes ont creusé, planté, arrosé et surveillé les arbres avec dévouement. Les premiers arbres étaient comme des sentinelles de l'espoir, un changement tangible qui prenait racine dans le sol et dans les esprits des gens.

Cependant, l'impact du Mouvement de la ceinture verte ne s'est pas limité à la simple plantation d'arbres. C'est devenu un catalyseur pour le changement social et politique. Les femmes impliquées dans le mouvement ont pris conscience de leur pouvoir collectif et ont commencé à exiger non seulement la protection de l'environnement mais aussi la justice sociale et politique.

Au fil des années, le Mouvement de la ceinture verte est devenu une force inarrêtable. Des milliers de femmes ont rejoint l'initiative, plantant des millions d'arbres dans tout le Kenya. Les impacts positifs ont été ressentis dans tout le pays, la déforestation a été freinée, les sols ont été régénérés, et les communautés ont bénéficié des fruits tangibles de leur dur labeur.

L'histoire de Wangari Maathai et du Mouvement de la ceinture verte a également résonné au-delà des frontières du Kenya. Wangari est devenue une voix influente dans les forums internationaux sur l'environnement et le développement durable.

Elle a démontré comment une action locale, initiée par des femmes souvent marginalisées, pouvait avoir des répercussions globales et inspirer un mouvement mondial en faveur de la conservation de l'environnement.

En 2004, Wangari Maathai a été récompensée pour ses efforts exceptionnels en recevant le prix Nobel de la paix, devenant ainsi la première femme africaine à remporter ce prestigieux prix. Le comité Nobel a salué son engagement en faveur de la démocratie, des droits des femmes et de l'environnement, reconnaissant ainsi la puissance de l'activisme écologique et social.

L'anecdote inspirante de Wangari Maathai et du Mouvement de la ceinture verte nous rappelle que des actions apparemment modestes peuvent déclencher des changements révolutionnaires. C'est une leçon intemporelle sur la puissance de la détermination individuelle, de l'innovation sociale et de la connexion profonde entre les êtres humains et leur environnement. Wangari Maathai a laissé un héritage vivant, une forêt d'espoir, qui continue de croître et de prospérer bien au-delà des limites géographiques du Kenya.

Chapitre 26
Bill Gates : Le Code du Succès

Bill Gates, l'un des fondateurs de Microsoft et l'une des figures les plus influentes de l'industrie technologique, a un parcours de vie riche en anecdotes inspirantes. L'une d'entre elles, souvent citée, remonte aux débuts de Microsoft dans les années 1970.

Au départ, Gates était un étudiant passionné par la programmation informatique. Alors qu'il était à l'école Lakeside à Seattle, Gates et son ami Paul Allen ont eu accès à un ordinateur à l'époque rarissime. C'était un General Electric (GE) 635, une machine qui fonctionnait avec du temps partagé et qui était gérée par un terminal Teletype.

Gates et Allen étaient fascinés par l'informatique et ont passé d'innombrables heures à explorer les possibilités qu'offrait cet ordinateur. Ils ont commencé à apprendre les langages de programmation disponibles à l'époque, plongeant dans le monde de la technologie naissante avec une passion qui allait façonner leur avenir.

Un jour, en 1970, les administrateurs de l'école Lakeside ont découvert la passion dévorante de Gates et Allen pour l'informatique et ont créé un partenariat avec une entreprise informatique locale, la Computer Center Corporation (C-Cubed).

Grâce à cet accord, les deux adolescents ont pu avoir un accès illimité à l'ordinateur pendant certaines périodes de la journée.

Cette opportunité a été une aubaine pour Gates et Allen. Le temps qu'ils passaient à coder n'était plus limité par les horaires de l'école, et leur soif de programmation s'est rapidement transformée en une quête de savoir et de création. Ils ont exploité cette chance pour perfectionner leurs compétences en programmation et pour explorer des idées innovantes.

L'histoire prend un tournant décisif lorsque les deux jeunes programmeurs ont découvert un bug dans le logiciel du système de l'ordinateur qu'ils utilisaient. Plutôt que d'informer les administrateurs et d'attendre une correction, Gates et Allen ont décidé de tirer parti de cette faille pour obtenir un temps d'utilisation gratuit.

Le duo a commencé à explorer le système sans entrave, créant des programmes et découvrant les nuances de l'informatique. Cependant, leur escapade a été de courte durée. Les administrateurs ont rapidement découvert la supercherie et ont suspendu l'accès de Gates et Allen à l'ordinateur.

Plutôt que de voir cela comme une punition, Gates et Allen ont saisi cette opportunité pour apprendre davantage. Ils ont utilisé leur temps libre pour travailler sur d'autres projets informatiques et ont approfondi leurs compétences en programmation. Leur passion et leur détermination étaient évidentes, même aux yeux des administrateurs de l'école, qui ont finalement négocié un accord avec une société locale, Information Sciences, pour que les deux jeunes programmeurs puissent continuer à travailler sur des projets informatiques.

Cette expérience a eu un impact significatif sur le parcours de Gates. Elle a renforcé sa détermination à explorer le potentiel infini de la technologie informatique.

L'incident du bug et la suspension temporaire de l'accès à l'ordinateur n'ont pas découragé Gates. Au contraire, cela l'a motivé à persévérer dans son apprentissage et à canaliser sa passion vers des projets encore plus ambitieux.

Plus tard dans sa vie, Gates a souligné à quel point cette période a été cruciale pour lui. Il a déclaré que cette expérience a été l'une des étapes fondamentales qui ont contribué à forger son caractère et à le guider vers la création de Microsoft.

Cette anecdote révèle plusieurs aspects clés de la personnalité de Bill Gates. Tout d'abord, sa passion inextinguible pour la programmation et la technologie. Même confronté à des obstacles, il a trouvé des moyens de continuer à apprendre et à créer. Ensuite, sa volonté de prendre des risques calculés pour atteindre ses objectifs. Plutôt que de simplement accepter les limites imposées, Gates a cherché des solutions créatives pour poursuivre sa quête de connaissance.

L'histoire du bug informatique à l'école Lakeside est une illustration précoce de la mentalité qui a conduit Gates à devenir l'un des entrepreneurs les plus prospères et les plus innovants de l'histoire de la technologie. Elle souligne l'importance de la passion, de la persévérance et de la créativité dans la recherche du succès, des principes qui continuent de guider la vie et la carrière de Bill Gates.

Chapitre 27
Temple Grandin : Un Parcours qui Marque les Esprits

Temple Grandin, éminente scientifique et militante pour les droits des personnes atteintes d'autisme, a une histoire fascinante et inspirante. Son parcours exceptionnel a été marqué par des défis qu'elle a surmontés avec une détermination inébranlable, apportant ainsi des contributions significatives dans le domaine de l'autisme et de l'éthologie animale.

L'histoire de Temple Grandin débute en 1947, lorsqu'elle naît à Boston, Massachusetts. Très jeune, elle manifeste des signes d'autisme, une condition qui, à l'époque, était encore mal comprise et souvent mal diagnostiquée.

Son père et sa mère, Eustacia et Richard Grandin, ont été des piliers de soutien, cherchant activement des moyens d'aider leur fille à surmonter les défis liés à l'autisme.

L'un des défis les plus importants pour Temple Grandin était la difficulté qu'elle éprouvait à communiquer avec les autres. Les interactions sociales étaient souvent complexes et déconcertantes pour elle. Cependant, ses parents ont rapidement compris qu'elle avait une intelligence exceptionnelle et un talent particulier pour comprendre le monde qui l'entourait.

Temple Grandin a commencé à trouver des moyens de s'exprimer à travers son amour pour les animaux. Son lien avec eux était instinctif et profond. Elle a développé une affinité particulière avec le bétail, une connexion qu'elle décrirait plus tard comme étant basée sur une pensée visuelle et sensorielle unique à son expérience de l'autisme. Elle pouvait percevoir le monde d'une manière que peu de gens pouvaient comprendre.

Pendant son adolescence, Temple Grandin a fait face à des préjugés et à des obstacles en raison de son autisme, mais elle a persévéré dans sa quête de connaissances et d'acceptation. Elle a fréquenté l'université, où elle a étudié la psychologie et la science animale. Au fil des ans, elle a développé des techniques uniques pour gérer son autisme, utilisant des méthodes visuelles et sensorielles pour comprendre et interagir avec le monde qui l'entourait.

L'un des moments clés de la vie de Temple Grandin a été sa collaboration avec le secteur de l'industrie de la viande. Elle a conçu des équipements pour le traitement humain du bétail qui ont considérablement amélioré les conditions de vie et de mort des animaux dans les abattoirs. Sa pensée visuelle lui a permis de concevoir des systèmes de travail qui réduisent le stress des animaux et améliorent leur bien-être global.

Temple Grandin a utilisé ses propres expériences et sa compréhension unique pour concevoir des systèmes qui respectent la sensibilité des animaux. Elle a élaboré des plans pour des rampes et des enclos qui guident les animaux à travers le processus d'abattage de manière calme et humaine. Ses contributions ont eu un impact significatif sur l'industrie de la viande, élevant les normes de traitement des animaux et sensibilisant le public aux questions d'éthique dans l'agriculture.

En plus de son travail dans l'industrie de la viande, Temple Grandin est devenue une voix influente dans la sensibilisation à l'autisme. Elle a partagé son expérience personnelle dans ses écrits et ses discours, contribuant à démystifier l'autisme et à promouvoir la compréhension et l'acceptation. Son livre autobiographique, "Ma vie d'autiste", a permis au grand public de voir le monde à travers ses yeux et a ouvert la voie à une plus grande empathie envers les personnes atteintes d'autisme.

Un aspect particulièrement inspirant de l'histoire de Temple Grandin est sa capacité à transformer ses défis personnels en opportunités d'apprentissage et de croissance. Elle a exploité son mode de pensée unique pour apporter des améliorations tangibles à des secteurs entiers, démontrant que la diversité cognitive peut être une force transformative.

Temple Grandin est devenue une figure éminente dans le mouvement de la neurodiversité, plaidant pour l'intégration des personnes autistes dans tous les aspects de la société. Elle a montré au monde que l'autisme n'est pas une limitation, mais plutôt une perspective unique qui peut enrichir la compréhension et l'innovation.

Son influence s'étend bien au-delà de ses domaines d'expertise, touchant des millions de personnes à travers le monde. Temple Grandin incarne la puissance de la détermination, de la compassion et de la créativité face à l'adversité.

Son héritage est un rappel percutant que les défis peuvent être surmontés, que la diversité est une force, et que chaque individu, quel que soit son parcours, peut apporter une contribution significative au monde qui l'entoure.

Chapitre 28
Chris Gardner : À la recherche du bonheur

Chris Gardner, l'homme dont l'histoire a inspiré le film "À la recherche du bonheur" avec Will Smith, incarne le triomphe de la persévérance, de la détermination et de la foi inébranlable en ses rêves. Son parcours extraordinaire est une leçon magistrale sur la résilience face à l'adversité.

Né le 9 février 1954 à Milwaukee, Chris a connu une jeunesse marquée par l'instabilité. Ses parents ont divorcé lorsqu'il était enfant, et il a souvent vécu dans des foyers d'accueil. Malgré ces débuts difficiles, Gardner a développé une ambition ardente de réussir et de surmonter les obstacles.

L'histoire qui a captivé le monde a réellement commencé dans les années 1980. À l'époque, Chris Gardner était un vendeur médical avec une vision ambitieuse de devenir courtier en bourse. Cependant, le chemin vers la réalisation de ce rêve s'est avéré être un parcours semé d'embûches.

Gardner a décidé de poursuivre une carrière dans la finance, mais ses débuts n'ont pas été aussi prometteurs qu'il l'aurait souhaité. Il a rejoint une entreprise de courtage, mais les revenus n'ont pas été suffisants pour subvenir aux besoins de sa famille. En effet, Gardner était père célibataire de son fils Christopher, né en 1981.

Les difficultés financières ont rapidement escaladé. Gardner et son fils ont connu l'itinérance, dormant parfois dans des refuges pour sans-abri ou dans des stations de métro. Pourtant, même dans ces moments les plus sombres, Gardner a refusé de renoncer à son rêve de devenir courtier en bourse.

Une anecdote poignante de cette période difficile est celle où Gardner, tout en étant sans-abri, participait à un programme de stage non rémunéré chez Dean Witter Reynolds, une prestigieuse firme de courtage.

Bien que le stage ne garantisse aucune rémunération immédiate, Gardner a persévéré. Il a réussi à jongler entre les contraintes d'être sans-abri, tout en se présentant chaque jour avec professionnalisme et détermination.

L'une des journées les plus mémorables de cette période difficile est illustrée par une scène poignante du film "À la recherche du bonheur". Après avoir été arrêtés pour stationnement illégal, père et fils sont contraints de passer la nuit dans une salle de bains publique. Ce moment symbolise la dure réalité de leur vie quotidienne et la lutte acharnée de Gardner pour offrir un meilleur avenir à son fils.

Pendant toute cette épreuve, Gardner refusait de se laisser submerger par le désespoir. Sa persévérance a finalement porté ses fruits. À la fin de son stage chez Dean Witter Reynolds, il a été embauché comme courtier en bourse en 1982. Cette opportunité a marqué un tournant majeur dans sa vie, ouvrant la voie à une carrière réussie dans la finance.

Chris Gardner a continué à gravir les échelons, travaillant pour d'autres sociétés de courtage, dont Bear Stearns & Company. Finalement, en 1987, il a fondé sa propre entreprise de courtage, Gardner Rich & Co. Inc. Son succès professionnel lui a permis de surmonter les difficultés financières qui avaient marqué son passé.

La leçon à tirer de l'histoire de Chris Gardner va au-delà de son succès financier. Elle démontre la puissance de la détermination, de la résilience et de la foi en ses rêves, même dans les moments les plus difficiles.

Gardner n'a pas laissé les circonstances extérieures dicter sa destinée. Au contraire, il a choisi de rester fidèle à ses aspirations, même lorsque le monde semblait s'effondrer autour de lui.

L'histoire de Chris Gardner est devenue une source d'inspiration mondiale grâce à la sortie du film "À la recherche du bonheur". Cependant, derrière la renommée cinématographique, se cache une véritable leçon de vie. Gardner lui-même est devenu un conférencier motivant, partageant son expérience pour inspirer d'autres personnes à surmonter leurs propres défis.

Son parcours souligne que la persévérance, l'optimisme et la croyance en soi sont des éléments essentiels pour surmonter les obstacles. La détermination de Gardner à ne jamais abandonner ses rêves, même dans les moments les plus difficiles, est un rappel puissant que chaque défi peut être une étape vers le succès.

Chris Gardner a non seulement transformé sa propre vie, mais il a également offert au monde une histoire poignante qui continue de toucher et de motiver des individus du monde entier. Son voyage, marqué par la lutte, la persévérance et le succès ultime, est un exemple éclatant de ce qui est possible lorsque l'on refuse de renoncer à ses rêves, peu importe les circonstances.

Chapitre 29
Aung San Suu Kyi : l'Élégance d'une Révolution Réussie

Aung San Suu Kyi, une figure emblématique de la lutte pour la démocratie et les droits de l'homme, a traversé des épreuves considérables tout au long de sa vie. Son histoire inspirante commence avec ses racines familiales profondément enracinées dans l'histoire politique de la Birmanie.

Aung San Suu Kyi est née le 19 juin 1945, à Rangoun, capitale de la Birmanie (aujourd'hui Myanmar). Elle est la fille du général Aung San, héros de l'indépendance birmane, assassiné en 1947, quelques mois avant que le pays n'obtienne son indépendance du Royaume-Uni. Ce contexte historique a façonné l'engagement de Suu Kyi envers la démocratie et les idéaux de son père.

L'anecdote qui captiva le monde et cristallisa le courage d'Aung San Suu Kyi débuta en 1988. À l'époque, la Birmanie était sous le joug d'une dictature militaire brutale. Le pays était plongé dans une crise économique, sociale et politique, déclenchant des manifestations massives en faveur de la démocratie et des droits de l'homme.

C'est dans ce contexte que Suu Kyi, alors qu'elle vivait à l'étranger avec son mari et ses deux fils, décida de retourner en Birmanie pour soutenir la cause de son peuple.

Le 8 août 1988, également connu sous le nom de "8888 Uprising", des manifestations éclatèrent à travers le pays, demandant la fin du régime militaire. Aung San Suu Kyi, imprégnée de l'héritage de son père et inspirée par la quête de justice de son peuple, émergea rapidement comme une leader charismatique et symbolique de la résistance. Son éloquence, son calme et sa détermination captivèrent l'imagination des Birmans assoiffés de liberté.

Le moment décisif de son engagement survint le 26 août 1988, lorsque Suu Kyi prononça un discours devant des centaines de milliers de personnes rassemblées à la Pagode Shwedagon de Rangoun. Dans cette allocution, elle rappela à la nation birmane son engagement envers la démocratie et exprima sa foi dans la capacité du peuple à façonner son propre destin.

La réaction du régime militaire ne tarda pas. Le 20 juillet 1989, Aung San Suu Kyi fut placée en résidence surveillée, privée de sa liberté, de sa famille et du monde extérieur. Malgré son isolement, elle demeura un symbole de résistance et de courage, et sa lutte incarna l'espoir d'un Myanmar démocratique.

Pendant sa détention, Aung San Suu Kyi maintint son engagement envers la non-violence et le dialogue. Elle écrivit des essais et des lettres ouvertes, appelant à l'unité nationale et à la démocratie. Son calme face à l'adversité et son refus de céder à la peur firent d'elle une icône mondiale de la lutte pour la liberté.

Les années de résidence surveillée s'étirèrent sur deux décennies, mais la flamme de la résistance demeura vive. Pendant cette période, Aung San Suu Kyi reçut de nombreux prix et distinctions, dont le prix Nobel de la paix en 1991. Cependant, le prix de son engagement était élevé, avec des années passées dans l'isolement, éloignée de sa famille et de son peuple.

En 2010, le régime militaire birman la libéra de sa résidence surveillée, un geste perçu comme une ouverture vers une ère de démocratisation. Suu Kyi n'hésita pas à reprendre son rôle de leader politique, cofondant la Ligue nationale pour la démocratie (LND) et participant aux élections de 2015, remportées par son parti de manière écrasante.

Cependant, son chemin vers le pouvoir politique fut loin d'être dépourvu de défis. Les militaires conservaient une influence significative, et la situation des Rohingyas, une minorité musulmane en Birmanie, posait des questions délicates sur la protection des droits de l'homme. Aung San Suu Kyi, une fois au pouvoir, fut critiquée pour sa gestion de cette crise et son apparente réticence à condamner les actions de l'armée birmane.

L'anecdote inspirante d'Aung San Suu Kyi est celle d'une femme qui a sacrifié sa liberté personnelle pour la liberté de son peuple. Son parcours incarne la persévérance, la dignité et la conviction dans la quête de la démocratie. Alors que son histoire comporte des controverses et des critiques, elle continue de servir d'inspiration pour ceux qui luttent contre l'oppression et aspirent à un monde de justice et de liberté. L'héritage complexe d'Aung San Suu Kyi souligne la complexité des luttes pour la démocratie et rappelle que même les figures les plus inspirantes peuvent être confrontées à des dilemmes difficiles sur le chemin de la réalisation de leurs idéaux.

Chapitre 30
Amancio Ortega : Le Père de Zara

Amancio Ortega, l'homme derrière le géant mondial de la mode Inditex, est une figure emblématique dont le parcours exceptionnel inspire des entrepreneurs du monde entier. Son histoire est celle d'un homme qui a débuté avec de modestes moyens pour construire un empire de la mode, transformant ainsi sa vie et l'industrie de la mode elle-même.

Ortega est né le 28 mars 1936 à Busdongo de Arbás, dans la province de León, en Espagne. Il a grandi dans une famille modeste, et ses débuts dans le monde du travail ont été modestes. Son père était un cheminot, et la famille a déménagé à La Corogne quand Ortega était encore enfant. C'est là qu'il a commencé à travailler dans le secteur du textile, notamment en tant que coursier dans une boutique de chemises.

Son expérience précoce dans le monde de la mode a éveillé sa curiosité et son ambition. Ortega a rapidement développé une compréhension profonde des tendances du marché et des préférences des consommateurs. En 1972, avec sa première épouse Rosalía Mera, il a ouvert sa propre boutique de vêtements, Confecciones Goa, qui produisait des peignoirs. Cette entreprise a été le point de départ de ce qui allait devenir Inditex.

L'anecdote inspirante qui définit le début de son parcours entrepreneurial est liée à la manière dont Ortega a révolutionné le processus de production de vêtements. À une époque où l'industrie de la mode était axée sur des cycles de production lents et prédictibles, Ortega a adopté une approche radicalement différente. Il a introduit la notion de "mode rapide" en accélérant le processus de conception et de production pour répondre rapidement aux changements de goût des consommateurs.

Dans les années 1980, Ortega a fondé Inditex, la société mère de Zara, la marque qui allait devenir le fer de lance de son empire de la mode. L'idée révolutionnaire derrière Zara était de rapprocher la mode des consommateurs à une vitesse sans précédent. Plutôt que de suivre le modèle traditionnel de la mode saisonnière, Zara a introduit un modèle de production rapide et flexible. Les vêtements étaient conçus, fabriqués et livrés aux magasins en un temps record, souvent en quelques semaines seulement.

Cette approche innovante a transformé l'industrie de la mode. Zara a pu proposer des collections qui suivaient de près les tendances actuelles, captivant ainsi l'attention des consommateurs à la recherche de nouveautés. Les clients n'étaient plus limités à attendre des mois pour que les dernières tendances soient disponibles en magasin.

Ortega avait compris que l'attente était un luxe que les consommateurs modernes n'étaient plus disposés à accepter.L'efficacité du modèle d'Inditex a été rendue possible par une coordination précise de l'ensemble de la chaîne d'approvisionnement. Ortega a investi massivement dans la logistique et la technologie pour assurer une communication rapide et fluide entre les concepteurs, les fabricants et les détaillants. Cette intégration verticale a permis à Inditex de réagir rapidement aux changements de marché et de maintenir un contrôle étroit sur la qualité des produits.

La philosophie d'Ortega en matière de mode rapide était également soutenue par une vision d'entreprise unique. Il a créé un environnement d'innovation et d'autonomie pour les concepteurs et les équipes de production, les encourageant à prendre des initiatives créatives. Cette culture d'entreprise a permis à Zara de rester à la pointe de l'industrie de la mode, constamment en phase avec les aspirations des consommateurs.

Au fil des ans, le succès d'Inditex s'est étendu bien au-delà de Zara, englobant d'autres marques populaires telles que Pull & Bear, Massimo Dutti et Stradivarius. La vision d'Ortega a évolué pour englober un portefeuille diversifié de marques qui s'adressent à différents segments du marché de la mode. En 2011, Amancio Ortega a pris du recul en tant que président d'Inditex, mais son impact dans le monde de la mode et des affaires continue d'être profondément ressenti.

Sa réussite tient non seulement à sa compréhension aiguë des marchés et des consommateurs, mais aussi à sa capacité à remettre en question les normes établies et à adopter des approches innovantes.

L'anecdote inspirante d'Amancio Ortega réside dans sa capacité à transformer une idée révolutionnaire en une réalité commerciale prospère. Il a défié les conventions de l'industrie, montrant au monde qu'il était possible de combiner qualité, accessibilité et rapidité dans le secteur de la mode.

Son histoire inspire les entrepreneurs à embrasser l'innovation, à remettre en question le statu quo et à comprendre profondément les besoins de leurs clients pour forger le succès commercial.

Chapitre 31
<u>Jane Goodall : Au Cœur de la Jungle</u>

Jane Goodall, primatologue renommée, a consacré sa vie à l'étude des chimpanzés et à la préservation de la vie sauvage. Son parcours exceptionnel est riche en expériences qui ont non seulement redéfini notre compréhension des primates mais ont également inspiré des générations à œuvrer pour la protection de la nature. Une des anecdotes marquantes de sa vie concerne son arrivée initiale au parc national de Gombe Stream en Tanzanie, où elle a réalisé des découvertes révolutionnaires qui ont changé à jamais la façon dont nous percevons nos cousins primates.

Dans les années 1960, Jane Goodall, jeune et passionnée, a eu l'opportunité de réaliser son rêve d'étudier les primates en Afrique.

Armée de son amour inné pour les animaux et de sa détermination à en apprendre davantage sur la vie des chimpanzés dans leur habitat naturel, elle s'est rendue au parc national de Gombe Stream en Tanzanie. À cette époque, peu de femmes s'aventuraient dans le domaine de la recherche scientifique, et encore moins dans le monde souvent masculin de la primatologie.

Arrivée à Gombe en 1960, Jane Goodall était consciente des défis qui l'attendaient. Elle n'avait pas de formation formelle en primatologie, mais elle avait une qualité rare et précieuse : une curiosité insatiable et une connexion profonde avec le monde naturel. Elle a adopté une approche non conventionnelle de l'observation des chimpanzés, choisissant de les étudier de manière immersive et empathique plutôt que d'utiliser des méthodes strictement scientifiques.

L'un des moments les plus marquants de ses premières observations a été sa découverte du comportement d'outil chez les chimpanzés. À l'époque, il était largement accepté que seuls les humains utilisaient des outils. Cependant, Jane a observé un jeune chimpanzé nommé David qui utilisait une brindille pour extraire des termites d'une termitière.

Cette observation révolutionnaire a remis en question la définition traditionnelle des outils et a ouvert la voie à une meilleure compréhension de l'intelligence et de la culture des chimpanzés.
Le succès de Jane Goodall ne s'est pas limité à ses découvertes scientifiques.

Sa capacité à établir des liens étroits avec les chimpanzés, en particulier avec un individu nommé David Greybeard, a captivé le public et a déclenché un intérêt mondial pour la protection des primates et de leurs habitats naturels. Elle a commencé à établir un pont entre la recherche scientifique et le grand public, sensibilisant le monde à l'importance de la conservation de la faune et à la nécessité de protéger ces créatures fascinantes.

Cependant, le chemin de Jane Goodall n'a pas été sans difficultés. Elle a dû faire face au scepticisme initial de la communauté scientifique en raison de son manque de formation académique formelle. Pourtant, son approche novatrice et son dévouement inflexible ont rapidement gagné le respect de ses pairs. Elle a surmonté les préjugés de genre et les obstacles institutionnels pour devenir l'une des figures les plus respectées de la primatologie.

Au fil des années, Jane Goodall a étendu son engagement envers la conservation et la protection de la vie sauvage. Elle a fondé l'Institut Jane Goodall pour la recherche sur la faune et l'environnement ainsi que le programme Roots & Shoots, encourageant les jeunes du monde entier à s'impliquer dans des projets de conservation. Son plaidoyer passionné en faveur des droits des animaux et de la préservation de l'environnement a laissé une empreinte indélébile sur le monde.

L'anecdote de ses débuts à Gombe illustre la puissance de la passion, de la persévérance et de la curiosité. Jane Goodall n'était pas simplement une observatrice distante des chimpanzés ; elle a établi des liens émotionnels avec eux, changeant ainsi la façon dont nous percevons et traitons nos cousins primates. Sa démarche humanisante a ouvert la voie à une nouvelle ère de compréhension entre les humains et les animaux, soulignant que la coexistence pacifique avec la nature est essentielle pour la survie de notre planète.

Ainsi, l'anecdote de Jane Goodall à Gombe Stream est bien plus qu'une simple histoire scientifique. C'est le récit d'une femme intrépide qui a défié les normes établies pour réécrire notre relation avec la nature, laissant un héritage qui continue d'inspirer les générations futures à préserver la diversité de la vie sur Terre.

Chapitre 32
Usain Bolt : "je suis la foudre"

Usain Bolt, est largement reconnu comme l'homme le plus rapide de l'histoire de l'athlétisme. Son parcours extraordinaire et son charisme ont captivé le monde entier, mais derrière ses victoires éclatantes, se cache une anecdote inspirante qui révèle la détermination et la résilience de cet athlète exceptionnel.

L'une des compétitions les plus mémorables de la carrière d'Usain Bolt remonte aux Jeux olympiques de Beijing en 2008. À l'époque, Bolt était déjà une figure montante dans le monde de l'athlétisme, mais il n'avait pas encore atteint le statut de légende qu'il occupe aujourd'hui.

Le 16 août 2008, lors de la finale du 100 mètres masculin, Bolt s'est positionné sur la ligne de départ aux côtés des meilleurs sprinteurs du monde. Les attentes étaient élevées, mais personne ne pouvait anticiper l'éclat historique qui allait suivre. Usain Bolt a non seulement remporté la médaille d'or, mais il a également établi un nouveau record du monde, franchissant la ligne d'arrivée en un éblouissant 9,69 secondes.

Ce qui rend cette victoire encore plus remarquable, c'est le fait que Bolt n'avait que 21 ans à l'époque. Il a non seulement battu ses concurrents, mais il a également pulvérisé le record du monde détenu précédemment par lui-même.

Sa performance éblouissante a émerveillé le monde, mais derrière ce triomphe se cachait une histoire de persévérance, de discipline et d'une résilience qui a été forgée au fil des années.

Usain Bolt a grandi dans la paroisse rurale de Trelawny, en Jamaïque. Dès son plus jeune âge, il a montré un talent naturel pour la course, mais sa véritable passion pour l'athlétisme a été révélée à l'âge de 12 ans. Durant ses années de lycée, Bolt s'est distingué en remportant plusieurs compétitions locales et nationales, mais ce n'était que le début de son extraordinaire ascension.

Son premier grand rendez-vous international fut aux Jeux olympiques de 2004 à Athènes, où, malgré son jeune âge, il a atteint la finale du 200 mètres. Cependant, une blessure l'a contraint à abandonner la course.
Pour beaucoup, cela aurait pu être un moment décourageant, mais pour Bolt, c'était une leçon précieuse sur la persévérance et la nécessité de se préparer mentalement et physiquement pour les défis à venir.

Après cette déception, Bolt a travaillé assidûment avec son coach, Glen Mills, pour perfectionner sa technique, renforcer sa condition physique et cultiver une mentalité de champion. Sa discipline et sa détermination ont commencé à porter leurs fruits, et en 2008, il était prêt à prendre d'assaut le monde de l'athlétisme aux Jeux olympiques de Beijing.

Le moment clé de la finale du 100 mètres en 2008 n'était pas seulement la victoire de Bolt, mais la manière dont il l'a accomplie. Les derniers 20 mètres de la course ont été particulièrement impressionnants. Au lieu de se concentrer uniquement sur la victoire, Bolt a pris le temps de sourire et de regarder autour de lui avant de franchir la ligne d'arrivée. C'était un geste audacieux, une démonstration de sa confiance inébranlable et de sa capacité à rester calme même sous la pression la plus intense.

La célébration décontractée de Bolt lors de cette course historique a capturé l'imagination du public du monde entier. Il a démontré qu'il n'était La célébration décontractée de Bolt lors de cette course historique a capturé l'imagination du public du monde entier. Il a démontré qu'il n'était pas seulement un athlète exceptionnel, mais aussi un showman, capable de gérer la pression tout en embrassant la joie de la compétition. Cette attitude décontractée et positive a renforcé son statut d'icône mondiale.

Bien que Bolt ait continué à dominer les pistes d'athlétisme au fil des années, ses succès ont été ponctués de moments difficiles. Aux Championnats du monde d'athlétisme de 2011, à Daegu, en Corée du Sud, il a été disqualifié pour un faux départ dans la finale du 100 mètres. Ce fut un revers douloureux pour Bolt, mais il a transformé cette déception en motivation supplémentaire.

L'année suivante, aux Jeux olympiques de Londres en 2012, Bolt a réaffirmé sa suprématie en remportant à nouveau l'or dans le 100 mètres, le 200 mètres et le relais 4x100 mètres. Ce triplé historique a consolidé sa place en tant que légende vivante de l'athlétisme, et il est devenu le premier homme depuis Carl Lewis en 1984 à défendre avec succès ces titres olympiques.

Ce qui rend l'anecdote d'Usain Bolt encore plus inspirante, c'est la façon dont il a géré sa carrière après avoir atteint le sommet. Après les Jeux olympiques de Rio en 2016, où il a remporté trois médailles d'or supplémentaires, il a annoncé sa retraite de l'athlétisme professionnel.

Bien que cela ait marqué la fin de sa carrière sur la piste, Bolt a continué à être une source d'inspiration en s'impliquant dans des œuvres caritatives, en encourageant les jeunes athlètes et en poursuivant divers projets entrepreneuriaux.

L'anecdote d'Usain Bolt transcende le simple récit d'un homme rapide. C'est l'histoire d'un jeune Jamaïcain qui a surmonté les obstacles, appris des échecs, embrassé le succès avec modestie, et a conquis le monde avec sa détermination inébranlable.

Sa légende réside non seulement dans ses records du monde, mais aussi dans la manière dont il a capturé l'imagination du monde entier en prouvant que la grandeur peut être atteinte avec un mélange de talent, de travail acharné et de grâce sous pression. La course éclairante de Bolt est bien plus qu'une démonstration de vitesse physique ; elle est un rappel percutant que chaque pas vers l'avant, même dans les moments difficiles, peut être le pas décisif vers la grandeur.

Chapitre 33
Rosa Parks : mère du mouvement des droits civiques

Rosa Parks demeure une icône incontestée de la lutte pour l'égalité raciale aux États-Unis. Son refus calme et déterminé de céder son siège dans un bus de Montgomery, en Alabama, en décembre 1955, a été le point de départ d'une série d'événements qui ont non seulement profondément marqué le mouvement des droits civiques, mais ont également ébranlé les bases mêmes de la ségrégation raciale aux États-Unis.

L'histoire débute un soir de décembre, lorsque Rosa Parks, une couturière afro-américaine respectée, monte à bord d'un bus de la ville après une longue journée de travail. À l'époque, les lois de ségrégation imposaient aux Afro-Américains de s'asseoir à l'arrière des bus et de céder leur place à des passagers blancs si le besoin se faisait sentir. Rosa Parks, cependant, décida de défier cette norme discriminatoire.

En ce jour fatidique, le bus commença à se remplir et le chauffeur demanda à Rosa Parks de céder sa place à un passager blanc. Elle refusa calmement, déterminée à ne pas céder à l'injustice. Son acte de résistance ne fut pas simplement un refus de se lever d'un siège, mais une affirmation puissante de sa dignité et de son droit à être traitée équitablement.

Parks fut arrêtée pour avoir enfreint les lois de ségrégation, mais cet événement en apparence ordinaire allait avoir des conséquences extraordinaires. Les leaders du mouvement des droits civiques, notamment Martin Luther King Jr., saisirent l'occasion pour organiser un boycott des bus de Montgomery en signe de protestation contre la ségrégation dans les transports publics.

Le boycott, qui débuta le 5 décembre 1955, fut un test de résilience pour la communauté afro-américaine de Montgomery. Rosa Parks devint le visage du mouvement, une icône de la résistance pacifique contre l'injustice. Durant ces 381 jours de boycott, les Afro-Américains marchèrent, utilisèrent des moyens de transport alternatifs, partageant des voitures et parcourant de longues distances à pied pour éviter les bus.

L'histoire de Rosa Parks résonna bien au-delà de Montgomery, inspirant des communautés à travers le pays. Le 13 novembre 1956, la Cour suprême des États-Unis rendit une décision historique dans l'affaire Browder v. Gayle, déclarant inconstitutionnelles les lois de ségrégation dans les transports publics. Le boycott des bus de Montgomery fut un triomphe, mettant fin à la ségrégation dans les transports en Alabama et jetant les bases du mouvement des droits civiques.

L'impact de l'acte de Rosa Parks va bien au-delà de la fin de la ségrégation dans les bus. Elle devint un symbole de la lutte pour l'égalité et inspira des générations entières à s'élever contre l'injustice. Sa vie ultérieure fut marquée par un engagement continu envers la justice sociale.

Après le boycott des bus, Rosa Parks et son mari, Raymond, subirent des représailles de la part de la communauté blanche de Montgomery. Incapables de trouver du travail, ils déménagèrent à Detroit, où Parks s'impliqua activement dans la lutte pour les droits civiques et la justice économique. Elle travailla pour le député John Conyers, plaidant en faveur des droits civiques et de l'éducation.

La vie de Parks démontre la persévérance face à l'adversité et l'engagement constant envers la justice. Même après avoir quitté Montgomery, elle ne cessa jamais de militer pour l'égalité raciale. Parks continua de défendre les droits civiques, l'éducation et l'égalité des chances jusqu'à la fin de sa vie.

Rosa Parks est décédée le 24 octobre 2005, laissant derrière elle un héritage immortel. Sa contribution à la lutte pour l'égalité raciale aux États-Unis demeure incommensurable. En 2013, une statue de Rosa Parks fut dévoilée au Capitole, à Washington, honorant ainsi sa place dans l'histoire américaine.

L'anecdote de Rosa Parks transcende le simple refus de céder un siège dans un bus. C'est une leçon d'audace, de dignité et de résistance pacifique. Son acte humble a déclenché un mouvement puissant qui a transformé la société américaine et inspiré des mouvements pour les droits civils dans le monde entier.

Rosa Parks, par sa vie et son engagement, demeure une source inépuisable d'inspiration et un rappel puissant de la capacité individuelle à provoquer des changements significatifs dans le monde.

Chapitre 34
Barack Obama : Yes we can !

L'histoire de Barack Obama est une épopée moderne qui s'étend des rues de Chicago au Bureau ovale de la Maison Blanche, marquant un chapitre crucial dans l'histoire américaine et inspirant des millions de personnes à travers le monde. Parmi les nombreuses anecdotes qui ponctuent sa vie, celle de son ascension politique est particulièrement éloquente sur la persévérance, la résilience et le pouvoir de l'espoir.

Au début des années 2000, Barack Obama était un jeune sénateur de l'Illinois, relativement inconnu sur la scène nationale. Né d'un père kényan et d'une mère américaine au Kansas, son parcours atypique reflétait la diversité qui deviendrait plus tard une caractéristique distinctive de sa présidence.

C'est en 2004, lors de la Convention nationale démocrate à Boston, que Barack Obama est propulsé sur le devant de la scène politique nationale. Invité à prononcer le discours d'ouverture, il captiva l'auditoire par son éloquence et son message d'espoir. Ce discours, souvent cité sous le titre "The Audacity of Hope," résonna au-delà des frontières du parti démocrate, suscitant l'attention et l'admiration à travers le pays.

Ce moment clé est souvent considéré comme le catalyseur de son ascension vers la présidence. Cependant, ce que beaucoup ignorent, c'est la série d'obstacles et de défis qu'il avait surmontés pour atteindre ce moment historique.

Avant cette Convention, Obama avait été élu sénateur de l'Illinois en 2004, après une campagne électorale intense et compétitive. Il avait déjà démontré sa capacité à mobiliser les électeurs, transcendant les clivages raciaux et politiques dans un État souvent divisé. Mais même avec cette victoire, peu auraient prédit qu'il deviendrait président seulement quatre ans plus tard.

Son passage au Sénat américain n'était pas exempt de difficultés. En tant que l'un des rares sénateurs afro-américains, il faisait face à des défis uniques dans un environnement politique traditionnellement dominé par des visages plus familiers. Son nom était encore peu connu au niveau national, et beaucoup doutaient qu'il puisse surmonter l'ombre des figures plus établies au sein du parti démocrate.

Cependant, Obama était animé par une conviction profonde en ses idéaux et une détermination à apporter un changement significatif. Son expérience de travail communautaire à Chicago, son engagement envers la justice sociale et son refus de se conformer aux attentes traditionnelles lui ont permis de se démarquer. Il s'est forgé une réputation en tant que leader capable de transcender les divisions, unificateur dans une période où la polarisation politique était déjà palpable.

Sa campagne pour la présidence en 2008 fut une entreprise audacieuse. Il affronta d'abord ses concurrents au sein du parti démocrate, dont la principale rivale était Hillary Clinton. Leur affrontement a été féroce, mais Obama a réussi à rassembler un mouvement de soutien fervent, en particulier parmi les jeunes électeurs et ceux qui aspiraient à un changement significatif.

La véritable épreuve survint lors de la campagne présidentielle générale contre le sénateur républicain John McCain. La nation était aux prises avec des crises économiques et des conflits internationaux, et le choix du prochain président était crucial. Obama faisait face à des critiques, des doutes et des attaques sur plusieurs fronts, y compris sa propre identité et son expérience relativement limitée.

Une anecdote particulièrement inspirante émerge de cette campagne présidentielle. À un moment critique, lorsque les enjeux étaient les plus élevés, une crise financière majeure ébranla l'économie américaine. Les électeurs étaient inquiets, cherchant des réponses et du leadership face à l'incertitude.

Au lieu de céder à la pression ou d'adopter une approche politique traditionnelle, Obama fit preuve de leadership en appelant à la réflexion, à la compréhension et à la coopération. Il organisa une conférence de presse mémorable au cours de laquelle il exprima non seulement son engagement envers des solutions pragmatiques, mais aussi son empathie envers les citoyens ordinaires qui subissaient les conséquences de la crise.

Lors de cette conférence de presse, au lieu de se contenter de discours politiques standard, Obama partagea des histoires personnelles qu'il avait recueillies au cours de sa campagne, illustrant les difficultés auxquelles les Américains étaient confrontés. Ces récits humanisèrent la crise économique, montrant que derrière chaque statistique se trouvaient des individus réels aux prises avec des difficultés réelles.

C'était un moment de vérité qui transcenda la politique partisane. L'approche d'Obama contrastait fortement avec celle de son adversaire, renforçant son image de leader visionnaire capable de faire preuve de calme et de rationalité dans les moments les plus tumultueux . La victoire électorale qui suivit, le 4 novembre 2008, marqua un tournant historique. Barack Obama devint le premier président afro-américain des États-Unis, un moment symbolique d'une portée immense dans l'histoire du pays.

Cette anecdote sur la crise financière et la manière dont Obama y a réagi illustre la force de son leadership. Plutôt que de succomber à la pression, il a transformé une crise en une opportunité de démontrer sa résilience, son sang-froid et sa capacité à inspirer l'espoir même dans les moments les plus sombres.

Le parcours de Barack Obama, de son élection en tant que sénateur relativement inconnu à sa présidence historique, est tissé d'éléments de détermination, de courage et de capacité à inspirer le changement.

Cette anecdote, parmi d'autres moments clés de sa vie, contribue à dévoiler les couches complexes de son caractère et de son leadership, faisant de lui une source inépuisable d'inspiration pour ceux qui aspirent à surmonter les défis et à réaliser des rêves apparemment insurmontables.

Chapitre 35
<u>Stephen Hawking : l'Infini de l'Esprit</u>

Stephen Hawking, physicien théoricien renommé, a laissé derrière lui un héritage exceptionnel qui va bien au-delà de ses contributions scientifiques. Son parcours de vie est une véritable source d'inspiration, démontrant une résilience extraordinaire face à des défis incommensurables.

L'histoire de Stephen Hawking est inextricablement liée à sa lutte contre la maladie de Charcot, une forme de sclérose latérale amyotrophique (SLA) diagnostiquée lorsqu'il avait seulement 21 ans. Au moment de son diagnostic en 1963, les médecins lui avaient donné une espérance de vie de deux ans, mais Hawking a défié toutes les attentes en survivant près de cinq décennies supplémentaires.

Son état s'aggravant progressivement, Hawking a perdu la capacité de marcher, de parler et même de manger par lui-même. Cependant, au lieu de se laisser submerger par le désespoir, il a canalisé son énergie et son intelligence vers l'exploration des secrets de l'univers. Son engagement envers la recherche scientifique et son esprit indomptable ont transformé un destin tragique en une vie exceptionnelle.

Une des anecdotes les plus inspirantes de la vie de Stephen Hawking est son approche de la communication après avoir perdu la capacité de parler en raison de sa maladie. À la suite d'une trachéotomie en 1985, il a perdu l'usage de sa voix, mais il a refusé de se laisser réduire au silence. C'est à ce moment-là qu'il a commencé à utiliser un synthétiseur vocal pour communiquer.

Le synthétiseur vocal, activé par des mouvements de sa joue, a permis à Hawking de continuer à exprimer ses idées complexes. Malgré les difficultés techniques et le temps nécessaire pour composer chaque phrase, il a continué à écrire, enseigner et partager sa compréhension profonde de l'univers avec le monde. C'était une démonstration poignante de sa détermination à ne pas être défini par ses limitations physiques.

Hawking a également été confronté à des défis personnels difficiles, notamment son mariage avec Jane Wilde, qui a supporté les rigueurs de son état de santé tout en élevant leurs trois enfants. En 1990, le couple a divorcé, mais malgré les tensions, Hawking a toujours exprimé sa gratitude envers Jane pour son soutien indéfectible au fil des ans.

Le physicien a continué à repousser les limites de la compréhension humaine avec ses contributions exceptionnelles à la cosmologie et à la physique théorique. Son livre, "Une brève histoire du temps", publié en 1988, est devenu un best-seller mondial et a contribué à rendre la physique accessible à un public plus large.

Malgré son état de santé précaire, Hawking a continué à voyager, à donner des conférences et à participer à des événements académiques. Sa présence sur la scène mondiale a inspiré des générations de scientifiques aspirants et a démontré que l'esprit humain peut triompher même des circonstances les plus débilitantes.

Sa renommée et son influence ne se limitent pas à la sphère scientifique. Hawking est devenu un symbole de détermination, de curiosité et de lacapacité de l'esprit humain à transcender les limites physiques. Sa vie a également mis en lumière l'importance de la recherche sur les maladies neurodégénératives, de la compréhension et du soutien envers ceux qui vivent avec ces conditions.

En 2014, Hawking a décidé de participer au "Ice Bucket Challenge", une campagne de sensibilisation à la SLA qui a incité des millions de personnes à verser un seau d'eau glacée sur elles-mêmes et à faire des dons pour la recherche sur la maladie. Sa participation a contribué à sensibiliser davantage aux défis auxquels sont confrontés les patients atteints de SLA et a suscité un important soutien financier pour la recherche médicale.

Le décès de Stephen Hawking en 2018 a été largement ressenti dans le monde entier. Cependant, son héritage perdure, et son impact sur la science, la pensée humaine et l'inspiration personnelle demeure indéniable.

Son histoire rappelle aux générations présentes et futures que même au milieu des circonstances les plus difficiles, la puissance de l'esprit et la détermination peuvent illuminer le chemin vers des horizons infinis. Stephen Hawking restera à jamais un phare de courage, de persévérance et d'intelligence au sein de l'univers du savoir.

Chapitre 36
J.K. Rowling : La Magie de la persévérance

J.K. Rowling, une auteure mondialement célèbre grâce à la série de livres Harry Potter, a une histoire de vie aussi magique que les mondes qu'elle a créés dans ses écrits. Cependant, bien avant que son nom devienne synonyme de succès littéraire, Rowling a traversé des moments difficiles qui ont façonné son parcours extraordinaire vers la réussite. L'une des anecdotes les plus inspirantes de sa vie remonte aux années 1990.

À cette époque, Joanne Rowling, alors célibataire et mère célibataire, luttait contre des difficultés financières considérables. Elle avait l'idée pour une série de livres centrée autour d'un jeune sorcier nommé Harry Potter, mais la réalité quotidienne de la vie était tout sauf magique.

Rowling vivait dans un petit appartement à Édimbourg, en Écosse, et était au chômage. Les défis de la vie semblaient se multiplier, et elle se retrouva même dans une situation où elle dépendait des aides sociales pour subvenir aux besoins de sa fille.

Cependant, au lieu de céder au découragement, Rowling a trouvé la force en elle pour transformer ces moments difficiles en une source d'inspiration. Elle a utilisé les difficultés comme un catalyseur pour donner vie à l'univers fantastique de Harry Potter. Alors que sa fille dormait dans une poussette, bercée par les rues pavées d'Édimbourg, Rowling écrivait dans des cafés, emportant avec elle le manuscrit naissant de son premier livre.

Le manuscrit de "Harry Potter à l'école des sorciers" était le fruit d'une imagination débordante, mais aussi d'une ténacité hors du commun. Rowling a envoyé le manuscrit à plusieurs éditeurs, mais le rejet était une réponse fréquente. Certains éditeurs estimaient que le livre était trop long pour un roman pour enfants, tandis que d'autres ne voyaient tout simplement pas le potentiel commercial. Rowling a même reçu des lettres de refus polies, mais elle n'a pas abandonné.

C'est lors d'une journée ordinaire, dans un café à Édimbourg, que Rowling a reçu la nouvelle qui allait changer sa vie. Bloomsbury, une maison d'édition britannique, a accepté de publier "Harry Potter à l'école des sorciers". L'éditrice, Barry Cunningham, a été convaincue par l'histoire et a vu son potentiel. Rowling a accepté un modeste contrat d'édition, ne réalisant pas à quel point sa vie allait être transformée.

La publication du premier livre a été suivie par une cascade d'événements magiques. "Harry Potter à l'école des sorciers" est devenu un succès immédiat, tant auprès des enfants que des adultes.

Les aventures du jeune sorcier ont captivé l'imagination du monde entier, lançant une franchise qui comprend non seulement des livres, mais aussi des films, des parcs à thème, et toute une gamme de produits dérivés.

L'ascension fulgurante de Rowling vers la célébrité et la richesse est impressionnante, mais ce qui rend son histoire vraiment inspirante, c'est la persévérance dont elle a fait preuve lors des moments les plus difficiles. Rowling aurait pu abandonner à plusieurs reprises, laissant les rejets décourager son esprit créatif. Cependant, elle a utilisé l'adversité comme un tremplin pour atteindre des sommets inimaginables.

L'histoire de J.K. Rowling est également un exemple puissant de la manière dont les épreuves peuvent devenir le terreau fertile de la créativité. Ses propres luttes ont été incorporées dans les thèmes des livres de Harry Potter, comme la lutte contre l'adversité, la puissance de l'amitié et la résilience face à l'injustice.

Rowling a montré au monde que même dans les moments les plus sombres, on peut trouver la lumière nécessaire pour créer quelque chose de véritablement extraordinaire.

Au-delà de son succès littéraire, J.K. Rowling est devenue une figure influente et une philanthrope généreuse. Elle a utilisé sa notoriété pour sensibiliser à des causes sociales importantes, notamment les droits des enfants, la recherche contre la sclérose en plaques et la lutte contre la pauvreté.

En rétrospective, l'histoire de J.K. Rowling n'est pas seulement celle d'une femme qui a créé un phénomène littéraire mondial, mais c'est aussi celle d'une personne qui a trouvé la force de se relever face à l'adversité. Son parcours, de la précarité à la prospérité, est une leçon intemporelle sur la puissance de la détermination, de la créativité et de la résilience. J.K. Rowling est bien plus qu'une auteure à succès, elle incarne la magie qui peut surgir lorsque l'on refuse de renoncer à ses rêves, même dans les moments les plus difficiles.

Chapitre 37
Robert Kiyosaki : Fils d'un père riche et d'un père pauvre

L'histoire inspirante de Robert Kiyosaki, auteur du célèbre livre "Père riche, Père pauvre", est une saga captivante de persévérance, d'apprentissage et de réussite financière. Plongeons dans le récit de sa vie, une aventure qui a façonné son point de vue unique sur l'argent et l'investissement.

Robert Toru Kiyosaki est né le 8 avril 1947 à Hilo, à Hawaï, dans une famille d'origine japonaise. Dès son plus jeune âge, il était entouré d'influences financières diverses. Son père biologique était un intellectuel, un éducateur, et son père adoptif, qu'il a appelé son "père riche", était un entrepreneur prospère.

Ces deux figures paternelles ont marqué sa vie de manière profonde en lui inculquant des perspectives différentes sur la gestion de l'argent et la création de richesse. L'anecdote emblématique de Kiyosaki commence au moment où il était un jeune homme passionné par la découverte des secrets de la richesse.

Adolescent, il travaillait pour son père biologique qui était superintendant des écoles publiques à Hawaï. Cependant, Kiyosaki se rendit vite compte que l'éducation conventionnelle ne lui enseignait pas les principes fondamentaux de la réussite financière. Ses interactions avec son père adoptif, un homme d'affaires prospère, ont joué un rôle déterminant dans la formation de sa vision alternative de l'argent.

Son "père riche", dont la richesse provenait principalement d'investissements et d'entreprises, lui a appris des leçons qui allaient à l'encontre du dogme financier traditionnel. Alors que son père biologique le poussait à obtenir un diplôme universitaire et à chercher un emploi stable, son "père riche" lui enseignait l'importance d'apprendre à investir, à créer des entreprises et à comprendre les mécanismes financiers.

À l'âge de neuf ans, Kiyosaki connaissait déjà la différence entre les actifs et les passifs grâce aux enseignements de son "père riche". Ce concept central deviendrait plus tard le pilier de sa philosophie financière. Son "père riche" lui expliquait que les actifs sont des éléments qui mettent de l'argent dans votre poche, tandis que les passifs en retirent.

Kiyosaki réalisa que la plupart des gens passent leur vie à accumuler des passifs sous la forme de dépenses et de dettes, plutôt que de chercher activement à développer des actifs générateurs de revenus. Après avoir obtenu un diplôme en administration hôtelière et suivi une formation en pilote d'hélicoptère de la Marine américaine, Kiyosaki se lança dans le monde des affaires et de l'investissement.

Son premier succès majeur arriva avec la création de la société d'éducation financière Rich Dad Company, qui propose des programmes éducatifs et des ressources pour aider les gens à développer leurs compétences financières.

Cependant, la route vers le succès n'a pas été sans embûches pour Kiyosaki. Il a connu des revers financiers, notamment la faillite de plusieurs de ses entreprises. Cependant, chaque défi était pour lui une opportunité d'apprentissage. Il n'a jamais abandonné sa quête de connaissances financières et a continué à affiner sa compréhension des mécanismes économiques et des opportunités d'investissement.

L'une des expériences les plus marquantes de sa vie est survenue dans les années 1990. À l'époque, Kiyosaki était propriétaire d'une entreprise qui connaissait des difficultés financières. Au lieu de se décourager, il prit la décision audacieuse de vendre sa société et de réinvestir les bénéfices dans l'immobilier. C'était un moment crucial qui illustrait sa confiance en ses convictions financières et sa volonté de prendre des risques calculés.

Sa percée littéraire majeure s'est produite avec la publication de "Père riche, Père pauvre" en 1997. Ce livre, qui est rapidement devenu un best-seller mondial, expose les principes financiers fondamentaux qui ont façonné sa propre réussite. L'anecdote de Kiyosaki dans l'écriture de ce livre réside dans sa volonté de partager les leçons apprises de son "père riche" avec le monde entier, offrant ainsi aux lecteurs un guide pratique pour revoir leur approche de l'argent.

L'impact de "Père riche, Père pauvre" a été phénoménal, influençant des millions de lecteurs à travers le globe et transformant la vie financière de nombreux individus. Kiyosaki est devenu un conférencier renommé, partageant ses connaissances avec des publics du monde entier.

Son engagement envers l'éducation financière s'est également étendu à travers une série de livres à succès, chacun offrant des perspectives uniques sur la création de richesse et l'investissement.

Aujourd'hui, Robert Kiyosaki est bien plus qu'un auteur à succès. Il est un entrepreneur, un investisseur, un éducateur et un philanthrope. Son héritage va au-delà de la création de richesse personnelle ; il réside dans sa mission d'émanciper les individus en les éduquant sur les principes fondamentaux de l'argent et de l'investissement.

En conclusion, l'anecdote inspirante de Robert Kiyosaki est une saga de détermination, de croissance personnelle et de compréhension profonde des mécanismes financiers. Son parcours, ponctué de hauts et de bas, démontre que la réussite financière ne se mesure pas uniquement à la richesse matérielle, mais aussi à la capacité de comprendre les principes fondamentaux qui sous-tendent la création de richesse à long terme. Kiyosaki a su transformer les leçons de son "père riche" en une carrière fructueuse et un héritage durable, montrant ainsi que l'éducation financière peut être le catalyseur d'une vie pleinement épanouissante.

Chapitre 38
John Paul DeJoria : de SDF à Milliardaire

John Paul DeJoria, magnat de l'entrepreneuriat, est réputé pour avoir surmonté des défis monumentaux pour devenir l'un des hommes d'affaires les plus prospères et philanthropes de notre époque. L'une des anecdotes les plus inspirantes de sa vie concerne les débuts de sa carrière, où il a fait preuve d'une résilience exceptionnelle pour construire un empire à partir de rien.

Au début des années 1980, John Paul DeJoria se trouvait dans une situation financière difficile. Il avait connu des revers professionnels et personnels, se retrouvant sans emploi et vivant dans sa voiture. À l'époque, il n'avait que 700 dollars en poche et une idée révolutionnaire : créer des produits capillaires de qualité professionnelle accessibles au grand public.

Avec cette idée en tête, DeJoria s'est associé à Paul Mitchell, un coiffeur renommé, pour lancer la marque de soins capillaires "John Paul Mitchell Systems". Cependant, le chemin du succès n'a pas été facile. Les deux partenaires ont dû surmonter des obstacles financiers, le scepticisme de l'industrie de la beauté, et même des incendies dévastateurs qui ont détruit leur entrepôt.

Lorsqu'ils ont commencé à vendre leur premier produit, le shampoing John Paul Mitchell, ils ont été confrontés à un défi majeur : comment convaincre les salons de coiffure de vendre un produit de qualité professionnelle à un prix abordable lorsque l'industrie était dominée par des marques haut de gamme ? C'est là que la ténacité de DeJoria a brillé.

Il a parcouru les États-Unis, salon par salon, pour vendre leur shampoing aux coiffeurs. Les premières ventes ont été difficiles, mais il a continué à promouvoir les avantages de leur produit et à insister sur le fait qu'il pouvait transformer l'industrie. Sa persévérance a commencé à porter ses fruits, et les coiffeurs ont commencé à adopter le shampoing John Paul Mitchell. C'était le début d'une success story extraordinaire.

Cependant, le chemin du succès n'était toujours pas dépourvu d'embûches. Alors que l'entreprise commençait à prendre de l'ampleur, un incendie a ravagé leur entrepôt, détruisant une grande partie de leur stock. Beaucoup auraient abandonné face à une telle tragédie, mais pas DeJoria.

Avec une détermination sans faille, il a travaillé avec son équipe pour surmonter cette épreuve. Ils ont repris la production et ont continué à développer leur gamme de produits.

Le succès continu de John Paul Mitchell Systems a propulsé DeJoria vers une richesse considérable, mais au lieu de se reposer sur ses lauriers, il a choisi d'utiliser sa réussite pour aider les autres. Il a cofondé la société Patrón Spirits Company, qui a révolutionné l'industrie du tequila haut de gamme. Malgré son succès dans le monde des spiritueux, DeJoria n'a pas oublié ses racines modestes.

Ce qui rend cette anecdote encore plus inspirante, c'est que John Paul DeJoria n'est pas seulement un entrepreneur prospère, mais aussi un philanthrope engagé. Il a consacré une grande partie de sa vie à des œuvres caritatives, soutenant des causes telles que les sans-abri, l'éducation et l'environnement. Sa fondation, la JP's Peace, Love & Happiness Foundation, témoigne de son engagement envers le bien-être des autres.

En regardant en arrière sur son parcours, DeJoria souligne souvent l'importance de la persévérance, de la résilience et de la foi en soi. Sa capacité à transformer des moments difficiles en opportunités est une leçon précieuse pour tous ceux qui aspirent à atteindre leurs objectifs, en particulier lorsqu'ils font face à des défis apparemment insurmontables.

En fin de compte, l'anecdote de John Paul DeJoria offre bien plus qu'une histoire d'ascension financière. C'est une leçon sur la puissance de la persévérance, la résilience face à l'adversité, et le potentiel transformateur de la foi en une vision. Son parcours inspirant nous rappelle que, peu importe d'où l'on vient ou les défis que l'on affronte, il est possible de forger un chemin vers le succès avec détermination, courage et une vision audacieuse.

Chapitre 39
Oprah Winfrey : L'Ascension d'une Icône

Oprah Winfrey est une figure emblématique dont la vie est parsemée d'anecdotes inspirantes. L'une d'entre elles se déroule au début de sa carrière dans le monde de la télévision.

Au milieu des années 1980, Oprah a eu l'opportunité de lancer son propre talk-show, "The Oprah Winfrey Show". À l'époque, elle travaillait à Chicago pour une émission matinale locale, et la chaîne ABC de Chicago cherchait un nouvel animateur pour le créneau horaire de l'après-midi. Oprah, avec sa personnalité charismatique et son talent inné pour la communication, a été choisie pour le rôle.

Cependant, le début de "The Oprah Winfrey Show" n'a pas été facile. Le talk-show a connu des difficultés initiales et a lutté pour attirer des téléspectateurs. À cette époque, les émissions de talk-show étaient dominées par des personnalités comme Phil Donahue, et la compétition était féroce. Les audiences n'étaient pas au rendez-vous, et les critiques n'étaient pas toujours élogieuses.

Malgré ces débuts difficiles, Oprah a refusé de se laisser décourager. Elle a pris des initiatives audacieuses pour différencier son émission des autres. L'une des stratégies clés qu'elle a adoptées était de se concentrer sur des sujets pertinents et émotionnellement puissants qui touchaient un large public.

Elle a introduit des segments axés sur l'autonomisation personnelle, la croissance personnelle, et a abordé des problèmes sociaux sensibles. C'était une approche novatrice qui a commencé à captiver l'attention du public.

Cependant, l'un des moments charnières de la carrière d'Oprah a été son épisode intitulé "People Shedding Pounds", où elle a partagé publiquement son propre défi de perte de poids. Elle a invité les téléspectateurs à se joindre à elle dans son voyage vers une vie plus saine. Cette ouverture sur sa vie personnelle a créé une connexion authentique avec le public, et son honnêteté a touché de nombreuses personnes qui se sont senties inspirées à suivre son exemple.

L'émission a commencé à gagner en popularité, et le nom d'Oprah Winfrey est rapidement devenu synonyme de réussite dans le monde de la télévision. Son style d'interview unique et son engagement envers des sujets significatifs ont continué à attirer un public diversifié. Oprah a également introduit le concept de "littérature de choix d'Oprah", mettant en lumière des livres qui ont ensuite connu un succès de vente massif grâce à son influence.

Au fil des années, "The Oprah Winfrey Show" est devenu l'un des programmes de télévision les plus regardés et a remporté de nombreux prix, y compris plusieurs Emmy Awards. Oprah a continué à étendre son empire médiatique, lançant sa propre chaîne de télévision, OWN (Oprah Winfrey Network), et devenant une productrice influente à Hollywood.

Cette anecdote de ses débuts difficiles dans le monde du talk-show souligne la perséverance et la résilience d'Oprah Winfrey. Elle a transformé les obstacles en opportunités, utilisant son authenticité et son désir de faire une différence pour inspirer des millions de personnes dans le monde entier.

Oprah a prouvé que même face à des débuts modestes et des défis apparents, la détermination et la passion peuvent conduire à des sommets extraordinaires.

Chapitre 40
<u>Roman Abramovich : De l'oligarque au bleu triomphant</u>

Roman Abramovich, oligarque russe et homme d'affaires accompli, est surtout connu pour être le propriétaire du club de football anglais Chelsea FC. Son parcours de vie est marqué par des hauts et des bas, des réussites extraordinaires et des défis complexes, ce qui en fait une source d'inspiration intrigante.

L'histoire d'Abramovich commence le 24 octobre 1966, à Saratov, en Russie, où il est né dans une famille modeste. Son père travaille comme ouvrier de la construction navale et sa mère comme employée dans une usine de caoutchouc. Pendant son adolescence, Abramovich perd sa mère, un événement qui marque profondément sa vie.

Lors de ses études à l'Institut du Pétrole et du Gaz de Moscou, Abramovich commence à montrer un intérêt pour le monde des affaires. Cependant, son véritable tournant survient au début des années 1990, au cours des années de privatisation en Russie.

À cette époque, de nombreuses entreprises d'État étaient en vente, et Abramovich saisit l'opportunité pour se lancer dans le monde des affaires.

Son premier coup de maître intervient avec la création de la société Runicom, spécialisée dans le commerce de produits pétroliers. À travers des transactions astucieuses, Abramovich bâtit sa fortune rapidement. Cependant, la véritable percée survient avec la création de Sibneft, une société pétrolière.

En partenariat avec Boris Berezovsky, Abramovich acquiert Sibneft à un prix bien inférieur à sa valeur réelle, et en quelques années, la valeur de l'entreprise augmente de manière exponentielle. Cette transaction marque le début de sa montée fulgurante dans le monde des oligarques russes.

Mais la vie d'Abramovich n'a pas été sans controverse. À la suite de désaccords avec d'autres oligarques et de changements politiques en Russie, Abramovich se retrouve dans une position délicate.

Pour préserver sa sécurité et sa fortune, il prend la décision de quitter la Russie et de s'installer à Londres au début des années 2000. Ce départ n'est pas simplement une fuite, mais plutôt un choix stratégique qui aura des répercussions considérables sur sa vie future.

C'est à Londres que la passion d'Abramovich pour le football prend une dimension mondiale. En 2003, il achète le club de football anglais Chelsea FC, et c'est là que son engagement envers le sport et la philanthropie devient plus évident. Il investit massivement dans l'équipe, transformant Chelsea en une force redoutable sur la scène du football européen. Sous sa propriété, Chelsea remporte de nombreux trophées, dont la Ligue des champions de l'UEFA en

L'anecdote inspirante réside dans la manière dont Abramovich, avec détermination et perspicacité, a transformé son destin. Malgré ses débuts modestes, il a su naviguer à travers les complexités du monde des affaires, prenant des décisions audacieuses qui ont non seulement consolidé sa position financière, mais ont également ouvert la voie à une influence mondiale.

Un aspect notable de l'histoire d'Abramovich est son engagement envers la philanthropie. Bien qu'il soit souvent perçu comme discret, Abramovich a fait des dons substantiels à diverses causes, notamment la lutte contre la pauvreté et la promotion de l'éducation. Ces actes philanthropiques mettent en lumière une dimension moins connue de sa personnalité, montrant qu'au-delà des affaires et du football, Abramovich cherche à avoir un impact positif sur la société.

La clé de la réussite d'Abramovich réside peut-être dans sa capacité à transformer les obstacles en opportunités. Que ce soit dans le monde tumultueux de la Russie post-soviétique ou dans l'arène concurrentielle du football mondial, Abramovich a fait preuve de résilience face aux défis. Il a suivi une trajectoire singulière, se frayant un chemin dans des sphères où peu auraient osé s'aventurer.

L'histoire d'Abramovich inspire à plusieurs niveaux. Elle évoque la puissance de la vision, la capacité à prendre des décisions difficiles et la volonté de surmonter les adversités. C'est une histoire qui souligne que la réussite n'est pas seulement une question de chance, mais plutôt le résultat d'une combinaison complexe de talent, de travail acharné et de prise de risque calculée.

Bien sûr, toute histoire comporte des nuances. Certains critiqueront peut-être la manière dont Abramovich a amassé sa fortune ou débattent des implications éthiques du monde des oligarques. Cependant, l'objectif ici n'est pas de valider chaque aspect de son parcours, mais de reconnaître que son histoire, dans son ensemble, offre des leçons et des inspirations uniques.

En conclusion, l'anecdote inspirante de Roman Abramovich réside dans sa capacité à transcender les origines modestes, à naviguer dans les eaux turbulentes des affaires et à utiliser son succès pour contribuer positivement à la société. Son histoire est un rappel puissant que, même dans les circonstances les plus difficiles, la persévérance et la vision peuvent ouvrir des portes insoupçonnées vers le succès.

Chapitre 41
Jeff Bezos : Révolution du Commerce Moderne

Jeff Bezos, le fondateur visionnaire d'Amazon, incarne le rêve américain moderne, transformant une simple librairie en ligne en une gigantesque plateforme mondiale de commerce électronique et de services.

Son parcours entrepreneurial regorge d'anecdotes inspirantes, mais l'une d'entre elles se distingue particulièrement, dévoilant son audace, sa perspicacité et sa capacité à prendre des risques calculés.

L'anecdote en question remonte aux premiers jours d'Amazon, lorsque l'entreprise n'était encore qu'une idée audacieuse dans l'esprit de Bezos. À l'époque, Bezos travaillait dans la finance à Wall Street, mais son rêve de créer quelque chose de révolutionnaire le hantait. Il était fasciné par l'émergence d'Internet et avait le pressentiment que le commerce en ligne pourrait devenir une force majeure dans l'avenir.

Le moment décisif s'est produit en 1994, lorsque Bezos a lu une étude indiquant que le trafic sur Internet augmentait de 2 300 % par mois. Cette statistique a été le catalyseur de sa décision audacieuse de quitter son emploi stable et bien rémunéré pour poursuivre son rêve entrepreneurial. Guidé par une conviction profonde dans le potentiel d'Internet, Bezos a décidé de créer une entreprise axée sur le commerce électronique.

Avec une vision ambitieuse à l'esprit, Bezos a jeté son dévolu sur l'industrie du livre, un secteur qu'il estimait être bien adapté à la vente en ligne en raison de sa vaste sélection de produits et de la facilité de stockage. Ainsi, en juillet 1994, il a fondé Cadabra Inc., le prédécesseur d'Amazon, dans son garage à Seattle.

Cependant, le nom "Cadabra" ne survivrait pas longtemps. Bezos se rendit rapidement compte que le nom pouvait être confondu avec "cadavre". C'est à ce moment-là qu'intervient la première leçon inspirante de cette anecdote : l'importance de la flexibilité et de la capacité à pivoter.

Bezos a compris que pour réussir, il devait être prêt à ajuster sa vision et à prendre des décisions audacieuses même si cela signifiait abandonner une idée à laquelle il s'était initialement attaché.

Ainsi, après avoir considéré différentes options, Bezos a finalement opté pour le nom "Amazon", inspiré par le plus grand fleuve du monde, évoquant la grandeur et l'ampleur de ses ambitions. C'était le premier d'une série de nombreux choix audacieux qui définiraient la trajectoire d'Amazon.

Les premiers jours d'Amazon n'ont pas été sans défis. Bezos se souvient avoir emballé les premières commandes avec son équipe dans un cadre rudimentaire, parfois en utilisant des portes en bois comme tables. Les ressources étaient limitées, mais la détermination de Bezos à offrir une expérience client exceptionnelle était inébranlable. Cette époque de démarrage a inculqué à Amazon la mentalité centrée sur le client qui est devenue une caractéristique distinctive de l'entreprise.

L'année suivante, en 1995, Amazon.com a été officiellement lancé en tant que librairie en ligne. Le site proposait un catalogue de plus d'un million de livres, une sélection que même les plus grandes librairies physiques ne pouvaient égaler. L'approche novatrice d'Amazon consistant à offrir une sélection massive et à permettre aux clients de trouver rapidement et facilement ce qu'ils recherchaient a rapidement captivé l'attention des consommateurs.

Pourtant, l'expansion rapide d'Amazon n'a pas été sans difficultés financières. Au cours des premières années, la société a enregistré des pertes considérables, et certains observateurs du marché étaient sceptiques quant à la viabilité à long terme d'une entreprise axée sur la croissance plutôt que sur les bénéfices immédiats. Cependant, Bezos était déterminé à investir dans l'avenir et à créer une entreprise capable de résister à l'épreuve du temps.

C'est ici que la deuxième leçon inspirante de l'anecdote de Bezos se dévoile : la persévérance face à l'adversité. Malgré les critiques et les défis financiers, Bezos et son équipe ont maintenu le cap sur leur vision à long terme. Ils ont continué à innover, à investir dans la technologie et à élargir l'offre d'Amazon à d'autres produits tels que les CD, les DVD et les jouets.

L'un des moments clés de cette période difficile a été la décision d'Amazon de se transformer en une plateforme de commerce électronique, permettant à des vendeurs tiers de vendre leurs produits sur le site.

Cette stratégie, connue sous le nom de "Marketplace", a radicalement élargi l'assortiment d'Amazon sans nécessiter d'investissements massifs dans le stock. C'était une décision visionnaire qui allait changer à jamais la nature du commerce en ligne.

Au tournant du siècle, alors qu'Amazon se développait à un rythme exponentiel, Bezos et son équipe ont continué à repousser les limites de l'innovation. En 2002, ils ont lancé Amazon Web Services (AWS), une division offrant des services de cloud computing. Cette décision s'est avérée être une autre pierre angulaire de l'histoire d'Amazon, générant des revenus importants et devenant un acteur majeur dans l'industrie du cloud.

C'est là que la troisième leçon inspirante de l'anecdote de Bezos prend forme : la capacité à anticiper et à créer l'avenir. Bezos avait compris que les services de cloud computing allaient devenir essentiels à l'ère numérique, et en investissant dans AWS, il a placé Amazon à la pointe de cette révolution technologique.

Au fil des années, Amazon a continué à diversifier son portefeuille, se lançant dans des secteurs tels que la diffusion en streaming avec Amazon Prime Video, l'intelligence artificielle avec Alexa, et même l'épicerie avec l'acquisition de Whole Foods. Chaque expansion a été guidée par une vision audacieuse de l'avenir et une volonté de répondre aux besoins changeants des clients.

L'histoire de Jeff Bezos et d'Amazon est un exemple puissant de la façon dont la vision, la persévérance et l'anticipation des tendances futures peuvent mener à une réussite extraordinaire.

Bezos a construit un empire en partant d'une simple librairie en ligne dans son garage, défiant les conventions, surmontant les critiques et façonnant l'avenir du commerce électronique et de la technologie.

Cette anecdote sur Jeff Bezos souligne l'importance de l'audace dans la prise de décision, de la persévérance face à l'adversité, et de la capacité à anticiper les évolutions du marché. Ces leçons, tirées du parcours inspirant de Bezos, sont autant de conseils précieux pour ceux qui aspirent à la réussite entrepreneuriale et à l'innovation.

Le fondateur d'Amazon a non seulement transformé la façon dont nous achetons en ligne, mais il a également laissé une empreinte indélébile sur le monde des affaires et de la technologie.

Chapitre 42
Tony Robbins : L'âme de la Motivation

Tony Robbins, né Anthony J. Mahavorick, est un auteur, entrepreneur et coach en développement personnel reconnu mondialement. Son parcours inspirant est ponctué de défis, de découvertes et d'une détermination à toute épreuve. L'une des anecdotes les plus marquantes de sa vie concerne ses débuts modestes et le moment décisif qui a changé le cours de son destin.

Au début des années 1980, Tony Robbins était encore un jeune homme cherchant à percer dans l'industrie du développement personnel. Il avait l'ambition de créer un impact positif dans la vie des gens, mais ses premiers pas étaient modestes. À l'époque, il animait des séminaires locaux dans des petites salles, espérant partager sa vision du succès avec un public réduit.

Le tournant décisif s'est produit lorsqu'il a été invité à donner une conférence à Hawaï. À ce moment-là, il était financièrement précaire, à un point où même le voyage pour se rendre à Hawaï représentait un défi. Tony Robbins n'avait pas les moyens d'acheter un billet d'avion, et il était loin de l'homme prospère que le monde connaît aujourd'hui.

Déterminé à saisir l'opportunité qui se présentait à lui, Robbins a eu une idée ingénieuse. Il a contacté une compagnie aérienne et a proposé de donner une formation sur la motivation à l'équipage en échange d'un billet d'avion gratuit.

C'était une stratégie audacieuse, mais son offre a été acceptée.

Arrivé à Hawaï, Tony Robbins s'est rendu compte que le public pour son séminaire était composé principalement de chauffeurs de taxi.

Les participants n'avaient pas payé pour assister à la conférence – ils avaient été recrutés par une agence de marketing qui avait également réservé des places pour des clients payants. La situation semblait désespérée, mais Robbins a décidé de transformer ce défi en opportunité.

Il a commencé son discours avec énergie, mais rapidement, il a senti que le public n'était pas réceptif. Cependant, au lieu de se décourager, il a fait quelque chose de mémorable. Il a proposé de rembourser l'argent de tous ceux qui n'étaient pas satisfaits de la conférence. Cette audace a changé la dynamique de la salle. Les participants ont commencé à s'impliquer davantage, et la conférence a pris une tournure positive.

Cependant, le véritable moment déterminant s'est produit à la fin de la présentation. Une femme s'est approchée de Robbins, lui expliquant qu'elle était sur le point de mettre fin à sa vie avant d'assister à sa conférence. Les paroles de Robbins l'avaient inspirée à reconsidérer sa décision.

Cette rencontre a eu un impact profond sur Tony Robbins. Il a réalisé que son travail allait bien au-delà de la motivation superficielle. Il avait le pouvoir de transformer des vies de manière significative.

C'était un moment de prise de conscience où il a compris que son véritable objectif était d'aider les gens à surmonter leurs obstacles les plus profonds et à créer des changements durables.

Ce moment déterminant à Hawaï a été le catalyseur qui a propulsé la carrière de Tony Robbins vers de nouveaux sommets. Il a commencé à affiner ses méthodes, à se plonger davantage dans l'étude de la psychologie humaine et à développer des stratégies plus efficaces pour aider les gens à transformer leur vie.

Ce fut le début d'une carrière extraordinaire en tant que coach en développement personnel, conférencier motivant et auteur à succès.

L'anecdote de Hawaï souligne la persévérance, la créativité et la capacité à transformer les obstacles en opportunités qui ont caractérisé le parcours de Tony Robbins.

Ce n'est pas seulement une histoire de réussite financière, mais une histoire de profonde empathie humaine et de la puissance transformative du travail acharné et de la détermination. Cette expérience a façonné sa mission de vie et a éclairé la voie pour inspirer des millions de personnes à travers le monde.

Chapitre 43
Zhou Qunfei : Pionnière de la Technologie et de l'Entrepreneuriat

Zhou Qunfei, une entrepreneure chinoise née dans une famille modeste en 1970, est devenue l'une des femmes les plus riches au monde grâce à sa persévérance, son ingéniosité et son esprit d'entreprise. Son histoire captivante commence dans le sud de la Chine, dans la province du Guangdong, où elle a grandi dans une famille qui n'avait que des moyens financiers limités.

Zhou Qunfei a perdu sa mère à un jeune âge, et cette tragédie a eu un impact profond sur sa vie. Élevée par son père, elle a appris dès son plus jeune âge la valeur du travail acharné et de la détermination.

Son père était ouvrier dans une usine de verre, et la jeune Zhou a souvent accompagné son père sur son lieu de travail. Ces premières expériences lui ont enseigné des leçons de vie précieuses sur la résilience et la nécessité de s'accrocher à ses rêves, même dans les moments difficiles.

Sa chance a commencé à changer lorsqu'elle a obtenu une place dans une école technique, où elle a étudié la fabrication de montres. À l'âge de 16 ans, elle a quitté son domicile pour travailler dans une usine de fabrication de montres dans la province voisine du Guangzhou. C'était une décision difficile, mais Zhou

Qunfei était déterminée à sortir de la pauvreté et à forger son propre destin.

Son apprentissage dans l'usine de montres n'était pas seulement une opportunité d'acquérir des compétences techniques, mais également une fenêtre sur le monde des affaires. Elle a observé attentivement les processus de production, a appris l'importance de la qualité et a développé un sens aigu de l'efficacité. Ces compétences acquises deviendraient cruciales pour son avenir entrepreneurial.

Le tournant majeur dans la vie de Zhou Qunfei est survenu en 1993, lorsqu'elle avait 22 ans. À cette époque, elle travaillait dans une usine qui produisait des écrans LCD pour les montres. Un jour, elle a eu une idée révolutionnaire : remplacer le verre minéral des écrans par du saphir synthétique, un matériau incroyablement durable et résistant aux rayures.

Cette innovation pourrait transformer non seulement l'industrie des montres, mais aussi ouvrir des portes vers de nouvelles opportunités dans le monde de l'électronique grand public.
Sa route vers la concrétisation de cette idée était semée d'embûches. Elle n'avait pas les connaissances techniques nécessaires pour produire du saphir synthétique, et les experts de l'industrie considéraient son idée comme ambitieuse, voire impossible.

Cependant, au lieu de se décourager, Zhou Qunfei a décidé d'acquérir les connaissances nécessaires elle-même.

Elle a quitté son emploi dans l'usine de montres pour travailler dans une entreprise qui produisait des écrans LCD.

Elle y a appris les subtilités de la technologie et a développé des compétences en ingénierie. Parallèlement à son travail, elle suivait des cours du soir dans une école technique. Ces années d'apprentissage acharné ont constitué la fondation de sa future réussite.

Après avoir acquis une compréhension approfondie de la technologie, Zhou Qunfei a fondé sa propre entreprise, Lens Technology, en 2003. Elle s'est lancée dans la production de verre en saphir synthétique pour les écrans de téléphones portables, d'appareils photo et d'autres dispositifs électroniques. Sa décision de se diversifier au-delà des montres a été une stratégie audacieuse qui s'est avérée payante.

La demande croissante pour des écrans résistants aux rayures a propulsé Lens Technology au premier plan de l'industrie. Les grandes entreprises technologiques, y compris des géants comme Apple, ont reconnu la qualité exceptionnelle des produits de Lens Technology, établissant ainsi des partenariats fructueux.

L'ascension de Zhou Qunfei a été phénoménale. En 2015, elle est devenue la femme la plus riche de Chine, surpassant même des figures emblématiques comme la magnat de l'immobilier Yang Huiyan. Sa fortune était estimée à plusieurs milliards de dollars. Cependant, malgré sa richesse, Zhou Qunfei est restée humble et dévouée à son travail.

Son parcours inspirant va au-delà du succès financier. Zhou Qunfei est devenue un modèle pour les entrepreneurs émergents, en particulier pour les femmes cherchant à percer dans des domaines dominés par les hommes. Elle a démontré qu'avec une détermination inébranlable, il est possible de surmonter les obstacles et de transformer des rêves audacieux en réalité.

Au fil des ans, Zhou Qunfei a continué à innover et à diversifier son entreprise. Lens Technology est devenue un leader mondial dans la fabrication de verre pour écrans tactiles, et Zhou elle-même a reçu de nombreuses distinctions, dont le titre de l'une des personnes les plus influentes au monde par le magazine TIME.

L'histoire de Zhou Qunfei offre des leçons précieuses sur la persévérance, la créativité et la volonté d'apprendre continuellement. Elle a prouvé que les origines modestes ne déterminent pas le potentiel d'une personne, et que la véritable grandeur réside dans la capacité à transformer les défis en opportunités.

L'anecdote de Zhou Qunfei illustre le pouvoir de l'innovation, de l'apprentissage continu et de la conviction en ses propres idées, faisant d'elle une figure emblématique de l'entrepreneuriat mondial.

Chapitre 44
<u>Harland David Sanders : Une Success Story</u> <u>Croustillante</u>

L'histoire de Colonel Sanders, fondateur de la célèbre chaîne de restauration rapide KFC, est une saga d'échecs, de persévérance et de réussite tardive qui inspire des générations d'entrepreneurs. Né en 1890 dans l'Indiana, Harland Sanders a traversé de nombreuses épreuves avant de devenir une icône mondiale de la restauration.

Le parcours du Colonel Sanders vers le succès a débuté bien avant la création de sa recette secrète de poulet frit. À l'âge de six ans, il a perdu son père, et sa mère, qui travaillait à l'extérieur, s'occupait difficilement de trois enfants. Pour soulager sa mère, le jeune Sanders apprit à cuisiner et à prendre soin de sa famille.

Sa première incursion dans le monde de la restauration a eu lieu à l'âge de 40 ans, lorsqu'il ouvrit un petit restaurant de service rapide à Corbin, dans le Kentucky, appelé Sanders Court & Café.

C'était une station-service qui proposait des plats simples, mais la passion de Sanders pour la cuisine et son talent pour les saveurs uniques commencèrent à attirer l'attention.

Cependant, le chemin du Colonel vers le succès n'était pas pavé d'or. En 1931, pendant la Grande Dépression, une nouvelle autoroute contourna Corbin, privant Sanders de la clientèle dont il avait besoin pour maintenir son entreprise prospère. Endetté et à court de solutions, il vendit son restaurant, incapable de faire face aux difficultés économiques de l'époque.

À ce stade, beaucoup auraient abandonné. Mais le Colonel Sanders était loin d'être découragé. Au contraire, il a décidé de partager sa recette de poulet frit avec d'autres propriétaires de restaurants.

Il prenait la route et visitait des restaurants, proposant un accord : il fournirait sa recette secrète en échange d'une commission sur chaque morceau de poulet vendu. Bien que cette approche ait suscité un certain intérêt, la plupart des gens étaient sceptiques.

Il a continué à essuyer de nombreux refus, mais sa détermination était inébranlable. Sa voiture était souvent son seul refuge, car il dormait dedans lors de ses voyages, économisant chaque centime pour promouvoir sa recette. Il a souvent été confronté à des portes fermées, des critiques et des moments de découragement. Mais au lieu de se laisser abattre, il a utilisé chaque refus comme une opportunité pour améliorer sa recette et son approche.

Finalement, en 1936, le Colonel Sanders trouva un partenaire en la personne de Pete Harman, propriétaire d'une station-service à Salt Lake City. Ensemble, ils ont ouvert le premier "Kentucky Fried Chicken", un nom que le Colonel a lui-même inventé pour décrire son poulet. Le succès était modeste au début, mais la notoriété de la recette unique du Colonel commençait à grandir.

Cependant, une nouvelle épreuve se dressa devant lui pendant la Seconde Guerre mondiale. Avec la pénurie de viande, le gouvernement limita la vente de poulet et d'autres produits alimentaires. Le Colonel, une fois de plus, se retrouva à devoir adapter son modèle commercial. Il se tourna vers d'autres protéines, comme le steak et le paysan (une variété de steak de veau), mais l'impact sur ses affaires fut significatif.

Après la guerre, le Colonel Sanders fit face à un autre défi majeur. L'autoroute interstate menaçait la rentabilité de nombreux restaurants, y compris KFC. À l'âge de 65 ans, il ferma le restaurant de Salt Lake City et se retrouva à nouveau dans une situation financière difficile.

Mais le Colonel n'était pas homme à renoncer. Avec une pension de seulement 105 dollars par mois, il décida de repartir à zéro. Il commença à franchiser son concept de KFC et à vendre des franchises à des propriétaires de restaurants. Encore une fois, il fit face à de nombreux refus avant que le premier franchisé ne signe un contrat en 1952. Cela marqua le début d'une expansion fulgurante pour KFC.

Le tournant décisif eut lieu en 1964, lorsque le Colonel Sanders vendit sa participation dans la société pour deux millions de dollars à un groupe d'investisseurs dirigé par John Y. Brown Jr. Bien qu'il ne soit plus propriétaire, le

Colonel resta l'ambassadeur de la marque et continua à représenter KFC dans ses campagnes publicitaires. Son image distinctive avec le nœud papillon, la barbe blanche et le seau de poulet devint emblématique.

Le succès mondial de KFC est aujourd'hui indéniable, avec des milliers de restaurants dans le monde entier. Cependant, l'histoire du Colonel Sanders est bien plus qu'un simple succès commercial. C'est une leçon de persévérance, d'adaptabilité et de ténacité face aux épreuves de la vie.

Harland Sanders n'a pas trouvé le succès instantané. Sa réussite a été construite sur des années de luttes, de refus et de sacrifices. Son histoire rappelle que l'échec n'est pas la fin du chemin, mais plutôt une opportunité de réajuster sa trajectoire. Il a démontré que l'âge n'était pas un obstacle pour réaliser ses rêves, lançant son entreprise emblématique à un âge où beaucoup envisagent la retraite.

Le Colonel Sanders était bien plus qu'un créateur de recettes ; il était un homme qui incarnait la détermination, l'ingéniosité et la conviction que le succès ne connaît pas de limite d'âge. Son héritage perdure non seulement dans chaque morceau de poulet KFC, mais aussi dans l'inspiration qu'il continue à apporter à tous ceux qui luttent pour transformer leurs rêves en réalité.

L'histoire du Colonel Sanders est un rappel percutant que chaque échec n'est qu'une étape vers le succès, pour ceux qui ont le courage de continuer à essayer.

Chapitre 45
Michael Dell : la Construction d'un Empire Informatique

Dans les annales de l'entrepreneuriat, l'histoire de Michael Dell émerge comme un récit inspirant de vision, de détermination et de succès. Né le 23 février 1965 à Houston, Texas, Michael Saul Dell a rapidement montré des signes de son esprit entrepreneurial dès son plus jeune âge.

Cependant, c'est à l'âge de 19 ans que son parcours a pris un tournant radical, avec une anecdote qui allait définir sa carrière et changer la face de l'industrie informatique.

Alors qu'il fréquentait l'Université du Texas à Austin, Michael Dell, passionné par les ordinateurs, avait déjà créé une entreprise de vente de mises à niveau pour ordinateurs. Cependant, l'événement décisif s'est produit dans sa chambre de dortoir en 1984. À cette époque, les ordinateurs personnels étaient encore relativement chers, et l'achat d'un ordinateur prêt à l'emploi constituait souvent un investissement financier considérable.

L'idée novatrice de Michael Dell a été de vendre directement aux consommateurs, éliminant ainsi les intermédiaires coûteux et permettant aux clients de personnaliser leurs ordinateurs en fonction de leurs besoins spécifiques. C'était le début de Dell Computer Corporation, fondée dans la chambre d'un étudiant universitaire avec un capital de départ de seulement 1 000 dollars.

L'anecdote cruciale s'est déroulée lorsque Michael Dell a compris qu'il pouvait optimiser le processus d'achat d'ordinateurs en permettant aux clients de commander directement les composants dont ils avaient besoin, éliminant ainsi les coûts associés aux canaux de distribution traditionnels. Sa vision était de créer des ordinateurs abordables et sur mesure, transformant l'achat d'un ordinateur en une expérience personnalisée et accessible.

L'idée était simple mais révolutionnaire : construire des ordinateurs selon les spécifications des clients, éliminer les coûts superflus, et proposer des machines de qualité à un prix compétitif. Pour concrétiser cette vision, Michael Dell a commencé à assembler des ordinateurs dans sa chambre de dortoir avec une approche "juste-à-temps" qui minimisait les coûts de stockage.

La première percée significative de Dell a eu lieu lorsqu'il a remporté un contrat avec une entreprise locale, permettant ainsi à sa petite entreprise de prendre de l'ampleur. Il a ensuite pris la décision audacieuse de quitter l'université à l'âge de 19 ans pour se consacrer entièrement à son entreprise en pleine expansion.

L'ascension fulgurante de Dell a été marquée par une compréhension exceptionnelle des besoins du marché. En réduisant les coûts et en offrant des ordinateurs sur mesure, Dell a rapidement attiré l'attention des consommateurs et des entreprises. Le modèle commercial direct a permis à l'entreprise de proposer des produits de qualité à des prix compétitifs, bouleversant l'industrie informatique traditionnelle.

L'anecdote la plus emblématique de cette époque est peut-être le moment où Michael Dell a pris la décision de retirer l'entreprise du marché boursier en 1987. À l'époque, Dell était la plus jeune entreprise à figurer sur la liste Fortune 500. Cependant, Dell estimait que le modèle de vente directe nécessitait une flexibilité et une agilité qui pouvaient être compromises en tant qu'entreprise publique.

En rachetant toutes les actions de Dell, Michael Dell a repris le contrôle total de l'entreprise qu'il avait fondée. C'était une décision audacieuse et inhabituelle, mais elle a permis à Dell de rester focalisée sur son modèle direct-to-consumer et de maintenir une agilité opérationnelle qui s'est avérée cruciale dans un secteur en constante évolution.

La stratégie a porté ses fruits. Dell est rapidement devenue l'un des principaux fournisseurs mondiaux d'ordinateurs personnels et de serveurs. L'entreprise a prospéré au cours des années 1990 et 2000, gagnant en popularité grâce à sa capacité à fournir des produits de qualité à des prix compétitifs tout en offrant un service client exceptionnel.

Cependant, le secteur informatique était en constante évolution, et dans les années 2010, Dell a dû s'adapter pour rester compétitif. En 2013, Michael Dell a conduit l'entreprise à revenir sur le marché boursier après une décennie en tant qu'entreprise privée.

Cette opération a été réalisée dans le but de restructurer et de moderniser l'entreprise pour mieux répondre aux défis d'une industrie en constante mutation.

Aujourd'hui, Dell Technologies est une entreprise diversifiée qui va au-delà des ordinateurs personnels, offrant des solutions informatiques complètes aux entreprises du monde entier.

L'héritage de Michael Dell réside non seulement dans la croissance exponentielle de son entreprise mais aussi dans sa capacité à anticiper les tendances du marché et à adapter son entreprise en conséquence.

L'histoire de Michael Dell offre une leçon inestimable sur la perspicacité, la persévérance et la flexibilité nécessaires pour réussir dans le monde des affaires. Elle démontre également que parfois, pour réaliser quelque chose d'extraordinaire, il faut oser sortir des sentiers battus et défier les conventions.

L'anecdote de la création de Dell est un témoignage inspirant de la manière dont un étudiant universitaire passionné a transformé une idée novatrice en une entreprise mondiale prospère.

Chapitre 46
<u>Jack Ma : Visionnaire du Commerce Online</u>

Jack Ma, fondateur emblématique du géant chinois du commerce électronique Alibaba Group, a un parcours aussi inspirant que remarquable. Son histoire reflète la persévérance, l'innovation et la résilience, et une anecdote en particulier met en lumière ces qualités distinctives.

L'histoire se situe dans les années 1990, une période où l'Internet commençait à peine à émerger en Chine. À l'époque, Jack Ma était un professeur d'anglais modeste et visionnaire qui avait une vision audacieuse pour l'avenir du commerce électronique dans son pays. L'anecdote commence avec un épisode qui a marqué le début de son engagement dans le monde de l'entrepreneuriat.

Tout a commencé lorsqu'il a visité les États-Unis en 1995. Là-bas, Jack Ma a découvert Internet et s'est rendu compte de son potentiel transformateur. Conscient que la Chine était en retard dans ce domaine, il a entrepris d'explorer les opportunités qu'Internet pouvait offrir à son pays.

À son retour en Chine, avec un esprit visionnaire, il a décidé de créer son propre site Web. Son premier projet fut la création d'une plateforme en ligne appelée "China Pages". Cette tentative, bien que marquée par de bonnes intentions, s'est soldée par un échec retentissant. La plateforme n'a pas réussi à attirer l'attention des utilisateurs et a finalement échoué à se faire une place dans un marché encore peu familier avec le concept d'Internet.

Cet échec aurait pu être le point final pour beaucoup d'entrepreneurs, mais pas pour Jack Ma. Il a tiré des leçons cruciales de cette expérience et a continué à affiner sa vision pour l'avenir. Il a compris que pour réussir dans le monde numérique émergent, il devait innover et proposer quelque chose de véritablement unique.

C'est ainsi qu'est née l'idée d'Alibaba, une plateforme de commerce électronique destinée à connecter les entreprises chinoises aux marchés mondiaux. Lorsqu'il a partagé son concept avec des amis et des investisseurs potentiels, beaucoup ont été sceptiques. À l'époque, la Chine n'était pas considérée comme un acteur majeur du commerce international, et Internet était loin d'être omniprésent.

Pourtant, Jack Ma était déterminé à concrétiser sa vision. En 1999, avec un petit groupe d'amis et un investissement initial relativement modeste, il a fondé Alibaba dans son appartement à Hangzhou. L'objectif d'Alibaba était ambitieux : aider les petites et moyennes entreprises chinoises à participer à l'économie mondiale en tirant parti de la puissance d'Internet.

Les débuts d'Alibaba n'ont pas été simples. L'accès à Internet en Chine était limité, la confiance dans les transactions en ligne était faible, et la concurrence était féroce. Les premières années ont été marquées par des défis financiers, techniques et culturels.

L'anecdote pivotante intervient lorsque Jack Ma et son équipe ont décidé de lancer la plateforme B2B (Business-to-Business) d'Alibaba. Ils ont organisé un événement mémorable : la première Foire Internationale de l'Import-Export de Chine, maintenant connue sous le nom de Foire de Canton. Cette foire a été organisée entièrement en ligne, un concept révolutionnaire à l'époque.

L'idée était de créer une plateforme virtuelle où les entreprises du monde entier pourraient se connecter, négocier et conclure des accords commerciaux. L'événement était ambitieux, mais c'était un pari nécessaire pour propulser Alibaba vers le succès.

La première édition de la Foire de Canton en ligne a attiré une participation modeste, mais elle a été un pas significatif vers la démonstration du potentiel du commerce électronique international. C'était une vision avant-gardiste qui a non seulement établi Alibaba comme une force émergente, mais qui a également jeté les bases d'une transformation majeure de l'industrie.

Cette décision audacieuse et le succès relatif de la première Foire de Canton ont marqué un tournant crucial pour Alibaba. L'entreprise a commencé à attirer l'attention non seulement des entreprises chinoises, mais aussi des marchés internationaux.

La plateforme a continué à évoluer, introduisant des services comme Taobao (C2C) et Tmall (B2C), et devenant progressivement un pilier du commerce électronique mondial.

L'anecdote réside dans la persévérance de Jack Ma face à l'échec initial de China Pages, sa capacité à apprendre de ses erreurs, et sa détermination à poursuivre une vision audacieuse. En dépit des doutes initiaux, des obstacles techniques et culturels, il a su diriger son équipe vers l'innovation, contribuant ainsi à la création d'une plateforme qui allait transformer le paysage du commerce mondial.

Aujourd'hui, Alibaba est l'une des plus grandes entreprises de commerce électronique au monde, diversifiant ses activités dans des domaines tels que le cloud computing, les médias, le divertissement et les technologies émergentes.

L'histoire inspirante de Jack Ma démontre que la réussite peut émerger même des échecs les plus retentissants, à condition d'avoir la vision, la persévérance et le courage nécessaires pour persévérer.

Chapitre 47
Jordan Belfort : Le Loup de Wall Street

Jordan Belfort, également connu sous le surnom de "The Wolf of Wall Street", a vécu une vie pleine de hauts et de bas, de succès retentissants et d'erreurs tragiques. Son histoire est à la fois captivante et complexe, offrant des leçons importantes sur la nature humaine, le pouvoir de la résilience et les conséquences de la cupidité. Cette anecdote particulière se déroule à un moment critique de sa vie, illustrant sa capacité à rebondir malgré les obstacles.

Au sommet de sa carrière dans les années 1990, Jordan Belfort était le fondateur et le président de la société de courtage Stratton Oakmont, un empire financier qui a connu un succès retentissant et a généré d'énormes profits grâce à des stratagèmes frauduleux et des opérations illégales.

Cependant, la roue de la fortune tourne toujours, et la vie de Belfort prend un tournant dramatique lorsque les autorités commencent à enquêter sur ses pratiques commerciales douteuses.

C'est au cours de cette période de crise que se situe notre anecdote inspirante. Les investigations du FBI et de la Securities and Exchange Commission (SEC) se resserraient autour de Belfort et de Stratton Oakmont. Les médias avaient mis en lumière ses activités illégales, exposant la nature prédatrice de ses pratiques commerciales. Belfort a été arrêté et inculpé de fraude, blanchiment d'argent et association de malfaiteurs.

Face à ces accusations massives, Jordan Belfort a été contraint de faire face à la réalité de ses actions. Sa carrière fulgurante, bâtie sur des fondations frauduleuses, menaçait de s'effondrer. C'était un moment décisif qui allait définir le reste de sa vie.

Au lieu de s'effondrer dans le désespoir, Belfort a fait preuve d'une résilience étonnante. Alors qu'il était confronté à une peine de prison potentielle et à la perte de sa fortune, il a choisi de prendre la responsabilité de ses actes. Cette décision, bien que tardive, a marqué le début d'une transformation profonde.

Durant son procès, Jordan Belfort a coopéré avec les autorités, fournissant des informations cruciales sur ses collègues et partenaires criminels.

Cette collaboration a conduit à une réduction de sa peine de prison en échange d'une coopération continue dans les enquêtes en cours. Cette étape, bien que controversée, a témoigné d'une certaine volonté de rédemption de sa part.

Alors qu'il purgeait sa peine de prison, Belfort a commencé à réfléchir profondément à ses actions passées et aux conséquences de ses choix. C'est pendant cette période derrière les barreaux qu'il a commencé à envisager une vie différente, axée sur la rédemption, la réparation et l'apprentissage de ses erreurs.

Il a utilisé ce temps pour approfondir sa compréhension de lui-même et des motivations qui l'avaient conduit sur le chemin de la fraude financière.

À sa libération, Jordan Belfort est sorti de prison avec une nouvelle perspective et un désir sincère de faire amende honorable. Il a commencé par rembourser une partie des sommes qu'il avait illégalement acquises, prenant des mesures concrètes pour réparer les dommages causés à ceux qui avaient été lésés par ses activités frauduleuses.Loin des feux de la rampe de Wall Street, Belfort a commencé à partager son expérience et ses leçons apprises à travers des conférences, des consultations et des livres.

Il a développé une carrière dans la motivation et le développement personnel, utilisant son parcours tumultueux comme un avertissement pour les autres sur les dangers de la cupidité et des choix éthiquement douteux.

Bien que les opinions sur Jordan Belfort restent divergentes, certains considérant sa transformation comme sincère tandis que d'autres restent sceptiques, il est indéniable que son histoire offre des leçons fascinantes sur la résilience, la responsabilité et la possibilité de changer sa vie, même après avoir commis des erreurs graves.

En fin de compte, cette anecdote sur Jordan Belfort souligne la complexité de la nature humaine et la possibilité de transformation, même dans les circonstances les plus sombres. Elle nous invite à réfléchir sur la redéfinition de nos valeurs, sur la responsabilité face à nos actions et sur la recherche constante de la rédemption, même lorsque le chemin est semé d'embûches. C'est une histoire qui rappelle que, même après les épreuves les plus difficiles, il est toujours possible de trouver la lumière et de rebondir vers un avenir meilleur.

Chapitre 48
Ray CROC : "I'm Lovin' It"

Ray Kroc, le visionnaire derrière le succès mondial de McDonald's, a façonné l'industrie de la restauration rapide d'une manière qui va bien au-delà de la simple vente de hamburgers et de frites. L'anecdote inspirante de sa vie débute dans les années 1950, lorsque Kroc, un vendeur de machines à milkshakes, a découvert un petit restaurant à San Bernardino, Californie, géré par les frères Richard et Maurice McDonald.

À cette époque, Ray Kroc menait une vie plutôt modeste, cherchant des opportunités pour augmenter ses revenus. Un jour, il reçoit une commande inhabituellement importante de plusieurs machines à milkshakes d'un petit restaurant en Californie.

Intrigué par la commande, Kroc décide de se rendre sur place pour comprendre qui étaient ces entrepreneurs qui avaient besoin de tant de machines.

À son arrivée chez McDonald's, Ray Kroc découvre un modèle de restaurant complètement révolutionnaire. Les frères McDonald avaient repensé chaque aspect du service alimentaire rapide pour maximiser l'efficacité et offrir une expérience client rapide et cohérente. Ils avaient élaboré un système où la qualité des aliments était garantie, et la rapidité du service était inégalée. C'était une vision radicalement nouvelle de la restauration rapide, et Kroc immédiatement comprit son immense potentiel.

La première rencontre entre Ray Kroc et les frères McDonald marque le début d'une collaboration qui allait transformer l'industrie alimentaire. Kroc était fasciné par l'efficacité du restaurant McDonald's et convaincu que ce modèle avait le pouvoir de conquérir le monde. Son enthousiasme pour la franchise McDonald's était si grand qu'il proposa aux frères McDonald de l'autoriser à franchiser leur concept.

Cependant, les frères étaient initialement hésitants. Ils étaient satisfaits de leurs quelques restaurants en Californie et ne voyaient pas la nécessité de s'étendre. Cependant, Kroc, persévérant et convaincant, les persuade de le laisser tenter sa chance. En 1955, Ray Kroc ouvre le premier McDonald's franchisé à Des Plaines, Illinois.

Les débuts de la franchise McDonald's ne furent pas exempts de difficultés. Kroc a fait face à des défis financiers, des obstacles juridiques et des luttes pour établir le concept de la franchise à grande échelle. Cependant, ce sont précisément ces défis qui ont révélé la ténacité et la détermination remarquables de Kroc.

Plutôt que de reculer face à l'adversité, il a travaillé sans relâche pour surmonter chaque obstacle, consolidant son rêve de faire de McDonald's une entreprise mondiale.

Un élément clé de la réussite de Kroc résidait dans sa vision à long terme. Il ne voyait pas simplement McDonald's comme une chaîne de restaurants, mais comme une institution mondiale.

Il a introduit des innovations telles que l'application du système de franchise à grande échelle, la standardisation des processus pour assurer la cohérence et la création du "Hamburger University" pour former les futurs gestionnaires de McDonald's.

La percée décisive est survenue lorsque Kroc a pris le contrôle de la société des frères McDonald en 1961. Il a acquis les droits de la marque pour 2,7 millions de dollars, leur permettant de se concentrer sur l'exploitation des restaurants tandis qu'il se chargeait de la croissance mondiale. Cette transaction a transformé Ray Kroc en véritable entrepreneur et propriétaire de l'empire McDonald's.

Le succès de McDonald's a décollé de manière spectaculaire dans les années qui ont suivi. La chaîne de restauration rapide a connu une expansion mondiale rapide, ouvrant des restaurants dans plusieurs pays et devenant synonyme de l'alimentation rapide et pratique. Kroc a été un pionnier du marketing, introduisant des campagnes publicitaires emblématiques telles que "I'm Lovin' It".

Ray Kroc a également été un précurseur dans l'innovation du menu, introduisant des éléments tels que le Filet-O-Fish et le Big Mac. Ces produits emblématiques ont contribué à diversifier l'offre de McDonald's, répondant aux goûts et aux préférences changeants des consommateurs.

Cependant, le succès de Ray Kroc ne se mesure pas seulement en termes financiers. Ce qui distingue véritablement Kroc, c'est sa capacité à transformer une idée locale en une entreprise mondiale tout en maintenant l'intégrité du concept initial. Il a su conserver l'essence du restaurant McDonald's créé par les frères tout en adaptant la formule pour répondre aux exigences d'une expansion internationale.

Au fil des décennies, McDonald's est devenue une entreprise emblématique du capitalisme américain. Ray Kroc, avec sa détermination infatigable, sa vision audacieuse et son esprit d'entreprise, a laissé une empreinte indélébile sur l'industrie de la restauration rapide et a créé un héritage qui perdure aujourd'hui.

L'histoire inspirante de Ray Kroc est un rappel puissant que la persévérance, la vision à long terme et l'innovation peuvent transformer un rêve en une réalité mondiale. Ray Kroc n'était pas seulement un vendeur de machines à milkshakes ; il était le visionnaire qui a changé la façon dont le monde mange.

Chapitre 49
Martin Luther King Jr : la Quête Inlassable pour l'Égalité

Martin Luther King Jr., icône du mouvement des droits civiques aux États-Unis, a laissé derrière lui un héritage indélébile de lutte pour l'égalité et la justice. Parmi les nombreuses anecdotes inspirantes de sa vie, celle de la Marche de Selma à Montgomery en 1965 demeure un exemple éloquent de son leadership visionnaire et de son engagement indomptable envers la justice.

Selma, une petite ville de l'Alabama, était devenue le théâtre de tensions raciales extrêmes et de discriminations systématiques envers les Afro-Américains dans leur quête du droit de vote. Malgré l'adoption du Civil Rights Act de 1964, qui interdisait la discrimination fondée sur la race, le droit de vote demeurait un combat ardu dans de nombreuses régions du Sud des États-Unis.

Le 7 mars 1965, un événement tragique, désormais connu sous le nom de "Bloody Sunday", marqua un tournant décisif dans la lutte pour les droits civiques. Des manifestants, dont John Lewis, un jeune militant et futur membre du Congrès, marchaient pacifiquement de Selma à Montgomery pour protester contre les pratiques de suppression du vote.

La réaction brutale des forces de l'ordre, qui attaquèrent les manifestants avec des matraques et des gaz lacrymogènes, fut diffusée à travers le pays, suscitant l'indignation et l'horreur.

Ce tragique incident intensifia la détermination de Martin Luther King à mener une campagne pour le droit de vote sans entrave. Il appela des militants et des sympathisants de partout à se joindre à lui dans une marche de Selma à Montgomery, insistant sur la nécessité de défendre la démocratie et l'égalité des droits.

La marche débuta le 21 mars 1965, avec des milliers de personnes déterminées à parcourir les 87 kilomètres jusqu'à la capitale de l'Alabama. Martin Luther King, au côté d'autres leaders des droits civiques, dirigeait cette marche historique. La foule marchait pacifiquement, portant des pancartes réclamant le droit de vote pour tous les citoyens américains.

Pourtant, le périple n'était pas sans obstacles. Les manifestants étaient confrontés à des provocations constantes, aux menaces de groupes haineux, et aux obstacles juridiques mis en place pour entraver leur progression. Martin Luther King savait que chaque pas qu'ils faisaient était un pas vers la justice, mais aussi vers l'incertitude et le danger.

Lorsque la marche atteignit la ville de Montgomery le 25 mars 1965, la foule était devenue immense, attirant l'attention nationale et internationale. Martin Luther King prononça alors son célèbre discours intitulé "How Long, Not Long", où il partagea sa vision d'un avenir où la justice triompherait et où tous les citoyens, indépendamment de leur race, jouiraient du droit de vote.

Il déclara : "Le mensonge ne peut pas vivre éternellement", exprimant sa conviction inébranlable dans le pouvoir de la vérité et de la justice. La pression exercée par la marche de Selma à Montgomery contribua de manière significative à la promulgation du Voting Rights Act de 1965, une législation historique qui élimina les obstacles au vote pour les Afro-Américains et d'autres minorités.

Ce fut une victoire majeure dans la lutte pour les droits civiques, et la marche elle-même devint un symbole puissant de la résistance non violente et de la quête inlassable de l'égalité.

L'anecdote de la Marche de Selma à Montgomery illustre le courage extraordinaire de Martin Luther King et des milliers de personnes qui ont marché à ses côtés. Elle démontre la capacité de l'action non violente à inspirer des changements profonds dans la société et à ébranler les fondements de l'injustice.

La persévérance face à l'adversité, la détermination à défendre les principes de justice, et la conviction que le changement est possible même dans les moments les plus sombres, sont des éléments clés de cette histoire inspirante.

Martin Luther King a laissé un héritage indélébile en montrant au monde que la non-violence et la résistance pacifique peuvent être des armes puissantes dans la lutte pour les droits fondamentaux. La Marche de Selma à Montgomery reste un symbole vivant de la lutte pour l'égalité et un rappel poignant de l'importance de la persévérance, de la solidarité et du rêve partagé d'une société plus juste.

Chapitre 50
<u>Mark Zuckerberg : Créateur D'un Empire Social</u>

L'histoire inspirante de Mark Zuckerberg, le fondateur et PDG de Facebook, est une saga captivante d'ambition, de créativité et de persévérance. Né le 14 mai 1984 à White Plains, New York, Zuckerberg a rapidement manifesté un intérêt pour l'informatique et la programmation dès son plus jeune âge. Cependant, l'une des anecdotes les plus marquantes de sa vie débute pendant ses années d'études à l'Université Harvard.

Au début de l'année 2004, alors qu'il était étudiant en deuxième année, Mark Zuckerberg a conçu ce qui allait devenir l'une des plateformes les plus influentes et transformantes du monde moderne - Facebook.
L'idée a émergé d'une nécessité personnelle, mais elle a rapidement évolué pour changer la manière dont le monde interagit et partage des informations.

L'origine de Facebook est intimement liée à la vie universitaire et à l'idée de connecter les étudiants d'Harvard entre eux. Zuckerberg, déjà connu pour ses talents en programmation, a lancé "The Facebook" en février 2004, une plateforme qui permettait aux étudiants de créer des profils, de télécharger des photos et de se connecter avec d'autres étudiants de l'université. L'idée était de digitaliser le réseau social existant dans le monde réel.

L'histoire prend une tournure extraordinaire lorsque le succès initial de

Facebook à Harvard a incité Zuckerberg à étendre la plateforme à d'autres universités et, finalement, au grand public. À la fin de l'année 2004, Facebook était devenu accessible à la plupart des universités des États-Unis et du Canada. La croissance rapide et la popularité fulgurante de la plateforme ont attiré l'attention des investisseurs et des médias.

Le véritable tournant s'est produit en 2006 lorsque Mark Zuckerberg a décidé de rendre Facebook accessible à tous, ouvrant ainsi les portes du réseau social au monde entier. Cette décision a propulsé Facebook vers des sommets inattendus, transformant une simple plateforme universitaire en un géant mondial des médias sociaux.

Cependant, le chemin vers la réussite de Zuckerberg n'a pas été sans heurts. Lors du lancement de Facebook, Zuckerberg a été confronté à des controverses et à des litiges liés à la propriété intellectuelle. Les jumeaux Winklevoss, Cameron et Tyler, ont affirmé que Zuckerberg avait volé leur idée originale de réseau social. Bien que le différend ait été finalement résolu hors tribunal, cela a ajouté une dose supplémentaire de pression et de complexité à la jeune entreprise.

L'anecdote révélatrice de cette période tumultueuse de la vie de Zuckerberg est la façon dont il a géré la pression et les poursuites judiciaires. Plutôt que de se laisser décourager, il a continué à diriger Facebook avec une détermination sans faille. Zuckerberg a non seulement réussi à surmonter ces défis juridiques, mais il a également transformé les revers en opportunités d'apprentissage. Cette période difficile a renforcé sa résilience et a façonné son approche de la prise de décision dans les années à venir.

Un autre aspect crucial de cette histoire inspirante réside dans la vision à long terme de Zuckerberg.

À plusieurs reprises, il aurait pu choisir des options plus courtes pour monétiser Facebook rapidement, mais il a résisté à la tentation du profit immédiat au détriment de la vision à long terme.

Son engagement envers la construction d'une communauté connectée et son refus de sacrifier l'intégrité de la plateforme ont contribué à cimenter la place de Facebook comme un acteur majeur de l'écosystème numérique mondial.

L'introduction en bourse de Facebook en 2012 a été un autre moment charnière dans le parcours de Zuckerberg. Malgré les doutes initiaux et les fluctuations du marché, il a maintenu sa position, et Facebook est devenue l'une des sociétés les plus valorisées au monde.

Zuckerberg a continué à innover en intégrant des acquisitions stratégiques telles que Instagram et WhatsApp dans l'écosystème Facebook, élargissant ainsi l'influence de l'entreprise.

Ce qui rend l'histoire de Zuckerberg particulièrement inspirante, c'est sa capacité à apprendre et à s'adapter. Il a reconnu les erreurs, a écouté les commentaires et a apporté des changements significatifs à la plateforme en fonction de ces enseignements.

Sa mentalité de croissance et sa volonté constante d'amélioration ont été des éléments clés de la longévité et du succès continu de Facebook.

La philanthropie de Zuckerberg est également un aspect important de son histoire inspirante. En 2015, Mark Zuckerberg et sa femme, Priscilla Chan, ont annoncé qu'ils consacreraient la majorité de leur fortune à des initiatives philanthropiques à travers la Chan Zuckerberg Initiative. Ils se sont engagés à résoudre des problèmes mondiaux tels que les maladies, l'éducation et l'inégalité économique.

En rétrospective, l'histoire de Mark Zuckerberg est une démonstration fascinante de la puissance de la passion, de la vision et de la persévérance. D'un étudiant universitaire passionné par la programmation à un chef d'entreprise mondial, Zuckerberg a navigué avec succès dans les eaux tumultueuses du monde des affaires et de la technologie.

Son histoire continue d'inspirer de nombreux entrepreneurs et innovateurs, montrant que même les idées nées dans une chambre universitaire peuvent changer le monde lorsque soutenues par une détermination inébranlable.

Conclusion

En parcourant ces cinquante récits inspirants, nous avons voyagé à travers les méandres des vies extraordinaires de personnes qui ont transcendé les défis pour atteindre des sommets éblouissants.

Ces récits ne sont pas simplement des témoignages de réussite financière, mais des leçons de courage, de persévérance et de détermination.

Chaque protagoniste de cette galerie de héros a sculpté son chemin vers le succès avec une détermination inébranlable, repoussant les limites imposées par les circonstances et surmontant les épreuves. Leurs histoires résonnent comme des mélodies motivantes, harmonisant les notions de rêve, d'effort acharné et de résilience.

À travers ces pages, nous avons été les témoins de la magie qui naît de la volonté tenace de ces cinquante individus exceptionnels. Leurs parcours uniques ont pavé la voie pour que chacun de nous explore sa propre route vers le succès, quelle que soit la définition que nous lui donnons.

Puissent ces récits vibrants servir de phares lumineux dans les moments sombres, rappelant que la réussite est souvent tissée à partir des fils de l'adversité.

Que ce livre soit une source d'inspiration continue, encourageant chacun de ses lecteurs à entreprendre son propre voyage avec une conviction renouvelée, animé par le feu sacré de la motivation. Car, finalement, l'histoire de la réussite est universelle, et le prochain chapitre, c'est vous qui l'écrirez.